專注力

禪修10階釋放心智潛能

The Attention Revolution
unlocking the power
of the focused mind

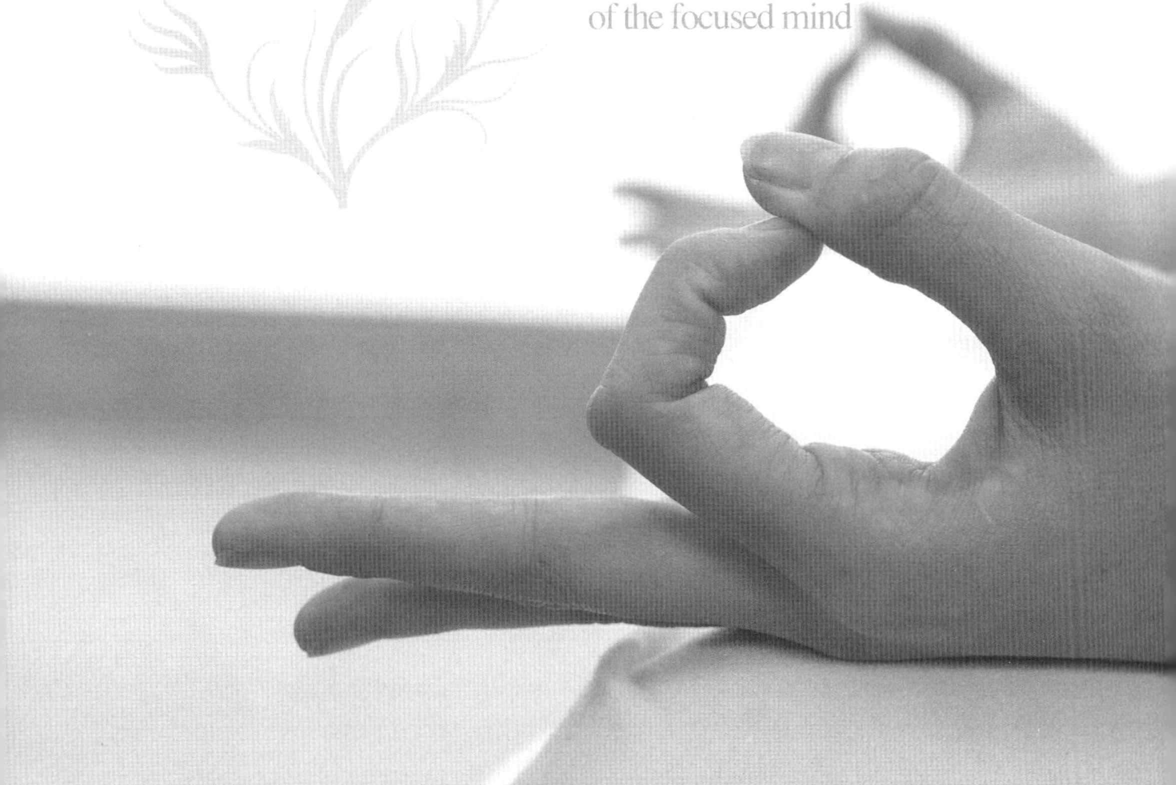

B.艾倫.華勒士 B. Alan Wallace ◎著
偶值◎譯

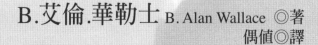

更多關於作者及本書的讚辭

「注意力有可能是我們最爲寶貴的資產。艾倫・華勒士帶領我們走一回『奢摩他禪修法』，這種嚴謹的專注力訓練方式，記載於佛教經文及修行法門中。華勒士發現，現今對於某些禪修方法的詮釋，如正念法，可能並未反映出（佛陀的）本意。在如今一窩蜂將東方傳統移植到西方文化的風潮裏，有些原本法教及修行法中很重要的部份可能會流失。這份詳盡的研究應可減少一些這樣的情況。」

——蘇珊・L・絲瑪儷（Susan L. Smalley），哲學博士，教授，洛杉磯加州大學（UCLA）醫學院

「華勒士是當代偉大的西方佛教思想家。」

——郝渥・卡特勒（Howard Cutler），《快樂的藝術》（*The Art of Happiness*）作者之一

「《專注力》不只適合想要禪修的人，也適合所有熱切想讓生命每個時刻都能更好的人。」

——馬修・李卡德（Matthieu Ricard），《僧侶與哲學家》作者

目次

前言

丹尼爾・高曼（Daniel Goleman）

每一種重視冥想的傳統（contemplate tradition）❶，都各自擁有指導手冊，其中總寫滿了純熟修行者的寶貴建言，要留傳給後人。艾倫・華勒士爲我們所有的人做了一件相當了不起的事，他從數百年來「奢摩他」（shamatha）❷之路上所收穫的實用智慧當中，萃取成這本讓人能深入探索內在、又易讀易用的手冊。

艾倫是這項任務的不二人選，他在智能及禪修的背景十分卓越。當他和我第一次相遇時，艾倫是藏傳佛教的僧侶，在達賴喇嘛的親身指導下修行。當我們第二次見面時，艾倫在亞姆赫斯學院研讀理哲學及量子物理學。在他得到史丹福大學比較宗教學

譯註

❶在本書中也譯作靜坐或靜思，或著眼於內在活動，或強調外在形式，或著意於對象，視前後文意順暢而選定。

❷有人把它意譯為止境，或止；在本書中則統一譯為奢摩他。

博士學位之前，便已陸續出版許多的學術著作，內容從探索科學的形而上學，一直到翻譯艱深的西藏哲學文本。

艾倫或許正是藉著這一趟智能之旅，來爲他眞正的使命做好準備：成爲一位禪修者、教導者。這些年來，他有時會消失幾個月，到喜瑪拉雅的山腳下或加州歐文斯山谷的高原荒漠中，進行禪修閉關。這一路走來，艾倫也開始分享他的修行心得——在閉關中教導「奢摩他」禪修法。

在他離開聖塔芭芭拉加州大學的教職之後，便開始負責掌管聖塔芭芭拉意識研究學院（Santa Barbara Institute for Consciousness Studies），並催化一項劃時代的研究所課程：他將帶領一大群禪修者，進行一次長達數月的閉關，將這些參加者的注意力強化到超卓的程度。他同時與戴維斯加州大學的神經科學家合作，在這項密集訓練之前、期間、之後，對這些禪修者加以評估，藉以了解高度專注的心智以何種方式來影響腦部。

在《專注力》這本書中，艾倫·華勒士提供了我們上述方法的相關指導。經由這些指導，對於現代生活中已頗常見的慢性注意力渙散問題，就像某種上癮的症頭，讓我們的注意力不斷地在電子郵件及iPod之間切割、在我們身邊的人和手機上的人之間切割、還在當下及下一件要做的事情之間切割，他讓我們有了治癒的機會。

艾倫所提供給我們的，聽起來簡單，卻是走在時代前端：我們可以持續加強自己的注意力，就像訓練自己的三頭肌一般，我們也可以強化這項心智的能力。也如同體格訓練，成功關鍵在於目標明確的練習。這本書非常清楚的呈現給讀者，可以強化注意力「肌肉」的方法和細節。

艾倫擁有能簡化繁複題材的卓越才能。在這本小巧精美的瑰寶中，他將「奢摩他」禪修法的瑣碎細節，化成隨手可得又誘人的集錦。書中還有許多關於這項方法以及心智相關領域的解說與辯論，讓我們也對於這些文獻中許多精微之處，能產生機敏而清晰的了解——雖然對於有心深入的學習者來說，除此以外仍有許多可探索的。

不論哪一種禪修傳統，要在修行路上精進，都有一項隱含但根本的條件：擁有一位合格的指導者。特別是在較高階的「奢摩他」修行中，在傳統上就需要指導（尤其精要的部分更是如此），對於關鍵處的說明，以及出錯部分的指正，也總是由老師以口授來提供給學生，這種情況爲死板的印刷文字帶來生命力。對於想踏上艾倫在此呈現的這條路的人，擁有這麼一位老師會是必要的。

艾倫告訴我們，任何人都可藉著改進自身的注意力而得益。這就像一道光譜，從那些注意力有缺陷的人，到那些天生擁有敏銳專注能力的人，再到那些高階的禪修者。不論我們自己身處這道光譜何處，《專注力》都能提供我們實用的步驟，帶領我們走向更高的層次，並有所收穫。

作者序

從十九世紀末開始，心理學家及神經科學家便著手研究注意力，但幾乎所有的研究，都集中於注意力正常或受損者身上。其中包含許多的研究主題，例如：研究人們注視雷達螢幕、駕駛噴射機，或演奏樂器時所花時間的長度等等。不過對於注意力是否可以加以訓練，這些研究卻鮮能提供進一步的說明。這些研究也無法告訴我們，經由某種活動發展出來的專注力，是否可在另一種活動中應用出來。

大家都知道，我們是否能夠專注，跟我們睡眠是否充足、是否處於壓力下，以及一些其他因素都有關係。而專注所能帶來的好處，就像注意力失調的壞處一樣明顯。因此，當你發現，不論在醫治注意力失調或發展注意力的科學知識上都付之闕如時，實在會覺得相當驚訝。有許多科學家根本就認爲：人類心智❶隱含有不穩定這個特質，而且想要改變這點幾無可能。這就帶出本書的主題：我們不僅可以改善自己的注意力，而且可改善到出現戲劇效果的程度。

當科學家們試著藉由客觀的第三人角度，來探索並了解心智的同時，千百年來的禪修者則是藉由主觀的、親身的探索來獲得對於心智的認識。這種對於心智本質的探索是經由禪修的方式，如果缺乏集中的注意力，則不可能出現眞正有效的禪修。未曾經過訓練的心智，就如同鐘擺，一再擺盪於因刺激而興奮與遲鈍之間，也擺盪於運轉不息和煩悶無聊之間。因此幾世紀以來，開發注意力的穩定度，一直都是禪修傳統的核心元素，因此產生了各種相當豐富可觀的技巧及修行法。這個傳統方法的寶庫，正是我們尋找強化專注力方式的絕佳起點。

在佛教的傳承裏，這門學問稱作「奢摩他」。奢摩他是發展注意力的一種途徑，最終目的是希望能毫不費力地、維持專注力好幾個鐘頭。這些年來，佛陀法教及教導者在西方世界獲得蓬勃發展，爲那些苦於現代生活負面影響（焦慮、消費主義，和讓人喘不過氣來的步調）的人，以及一般在面對人類長久以來共同的問題，如老、病、死時，帶來數不盡的好處。不論是所謂的正念法（mindfulness）❷、禪坐、認知方法如心智訓練及公案（koan）❸的研究，或是誦經及虔誠修行等，佛教中的技巧和受佛教影

譯註

❶在本書中，對於mind這個字，基於原文本意及行文通順之考量，分別譯為心、心智、心神、心念、心思、心靈、頭腦、腦海等；除此之外，原文僅有少量他字有相同譯詞，如heart、head。請讀者閱讀時，記得本書環繞心／心智為主題，或能減少一些隔閡。若有不周全處，尚祈見諒。

❷也有人譯為觀照力。

❸也有人譯為心印法。

響而得的技巧，就如光譜般，多樣而絢麗，這些都在過去並非佛教文化的地區，開始被廣爲採用。相當驚人的是，如今有許多禪修的傳承，對於發展持續的專注力並不重視。有一些當代南傳佛教的導師聲稱，只需要「一時的奢摩他」，也就暗示了，持久的專注是不必要的。早期的中國佛教是認可奢摩他的價値的，但現今的禪宗，並不教導那些特別經過設計、以持續而嚴格的方式，來發展專注力平衡的方法，而這些方法也確實有別於禪宗的其他修行方式。

另一方面，藏傳佛教則爲了獲致集中的注意力，提供相當仔細的教導。然而今天藏傳佛教的禪修者，不論是在西藏或在其他地方，已少有人投身於奢摩他長期修行中了，這更令人感到困惑。幾乎沒有人留意到，以往西藏那些偉大禪修者的忠告，也就是：如果要讓高階禪修發揮其完整作用，那麼成就奢摩他便是必要的。易於分神或易感無聊的心，根本就不適合從事任何一種禪修。

當我發現在現代科學當中，以及在許多禪修傳承中，專注力訓練都這麼被邊緣化，讓我感到十分驚訝。我寫這本書的部分原因，便是爲了想改善科學界以及佛教界在這方面的疏忽。但我更大的希望是，想提供工具給任何有興趣訓練自己專注力到最大潛力的人。當注意力受損時，我們做任何事情都無法持之以恆，而當注意力完全集中時，能讓任何我們在做的事獲得更好的效果。奢摩他修行法並不要求修行者效忠於任何宗教教義或意識形態，它是一把能夠打開心智平衡大門的鑰匙，任何在修行中能堅持的人都可獲得好處。

我的故事

從一九七二年，我第一次接觸奢摩他以來，此法便一直深深吸引著我。我對於奢摩他的熱情從來沒有減退過，而經過這些年，我更日益深刻感受到它的重要性。

一九七二年春天，在我修習藏傳佛教時，第一次得知奢摩他，便因它可能可以訓練專注力而被深深吸引。那時，我住在印度的達蘭薩拉，接受一位名叫格西・那旺・達結❹的喇嘛給我關於西藏傳統心智開發的教導。在接下來數年之中，格西在各種訓練心智的技巧上，提供了許多詳細的指導。但我對於如何開發專注力特別感到興趣，因為我看出來這項能力與人類在各領域的努力——不論世俗或性靈上的努力——都有相當大的關係。

這位喇嘛說到奢摩他訓練時，聽起來還蠻像回事的，結果也果眞不凡。當他的教導快結束時，向我們這班一打左右的學生提議一起靜坐。我們全都坐在坐墊上，背脊

譯註

❹格西是藏傳佛教中對佛學博士的稱號。

打直，全心專注在禪修對象上。我們以為不會很久，或許會是半個小時。但這位喇嘛就這麼一直坐著，像是一塊岩石，一動也不動，而他的學生們卻開始蠕動不安，我們的心思到處遊走，膝蓋及後背也愈來愈痛。最後，在三個小時之後，他終於從靜坐當中回來了，臉上帶著滿足的笑容，還輕柔地說，這個練習需要堅持和忍耐。

在一九七〇年代的其它時間，我先是繼續待在印度研讀、修習藏傳佛教，然後來到瑞士，跟隨過許多導師研習，其中包括尊貴的達賴喇嘛，並從一九七九年開始，擔任他的譯者。這樣的十年之後，我所想做的事，就單純的只有把自己投身於禪修，而我心所屬的對象，正是奢摩他。當達賴喇嘛得知我對於禪修的熱切之情，而鼓勵我回印度，在他指導下修行時，我是多麼興高采烈啊！由於簽證的限制，我無法在印度停留超過半年，然而，在此期間，我幾乎都待在達蘭薩拉的山上獨自閉關。從早上四點鐘開始靜坐，直到晚上九點鐘，每天我都讓自己沈浸在十節修練之中。一週之中會有一次，一位朋友幫我從村子裏送來必需品。而每過幾週，我會走到山下去尋求法王的指導。在那次閉關當中，我同時也請求一位有經驗的隱士給我指導，他名為甘・拉林巴（Gen Lamrimpa）❺，獨自禪修已大約二十年。

我繼續在印度、斯里蘭卡以及美國從事禪修閉關，一直到一九八三年底才結束。到了那時，我覺得該回歸自己的文化了。我對於佛教以及現代科學之間的關係感到好奇，因此到亞姆赫斯學院修習物理學、理哲學，以及梵文。在一九八七年畢業之後，我又回頭修習奢摩他，地點在加州東部的高地沙漠區。閉關數月之後，我到華盛頓州的鄉村地區，協助甘．拉林巴帶領爲期一年的奢摩他集體閉關。

在這次閉關之後，我花了六年待在史丹福大學，完成宗教研究的博士學位，當時我所寫的論文便是以奢摩他爲主題。在此同時，我另外學習了藏傳佛教中的大圓滿法教以及大手印法教；對於探索意識的本質，它們提供了理論以及修行方法。在我的博士學位考試之後，我離開校園到高地的沙漠，進行爲期五個月的奢摩他修行，這次採取的是大圓滿的方式。我把它當作是我的「實驗室工作」，用以補充我學術研究上的不足之處。從史丹福畢業之後，我在聖塔芭芭拉加州大學的宗教研究系執教了四年，而從二〇〇一年秋天開始，我再次進行了爲時六個月的奢摩他修行，同樣是在高地的沙漠區。

從一九九二年開始，我便與許多認知科學家團隊合作，研究專注力訓練以及其它種類的禪修在精神、生理上的效應。到了二〇〇三年秋天，我設立了聖塔芭芭拉意識研究學院，作爲整合科學及禪修兩種不同意識探索方式的機構。奢摩他專案便是一項

譯註

❺藏文的Gen是尊稱上師的用語：「拉林巴」乃藏傳佛教中黃教（格魯派）的次高博士學位，最高為「拉然巴」。

學院正進行中的研究計畫，這是爲期一年、包含三十人的居家閉關（residential retreat），且在閉關之前、中、後，都進行科學評估。

銘謝

由於我的老朋友琳・奎柔洛（Lynn Quirolo）不眠不休地，爲我謄寫多次禪修閉關中關於奢摩他的講課，這本書才得以開始成形。她又進一步將這些原始謄稿編輯成書的格式，我再進行修改。這時，另一位親愛的友人及同事布萊恩・哈德（Brian Hodel）以專業新聞雜誌記者的素養，志願爲我重寫以及修飾許多章節。然後，內文便被送去智慧出版社，這時大衛・基斗斯壯（David Kittlestrom）給我許多寶貴的意見，以便進行整個手稿的徹底改寫，我也照著做了，手稿因此更好了。大衛以及智慧出版社的另一位編輯蘇珊・布萊多（Susan Bridle）對於如何改進這本作品，提供許多很棒的建議，而詹姆士・艾略特（James Elliot）對於發行前的準備，則提供了寶貴的協助。因此這本書已反覆經過許多次的改善，我相信每一次都比之前的作品更好，而我對於每位貢獻的人都深深感激。我誠摯地希望，這本書對於那些想要藉著修習奢摩他來平衡心智的人，能夠有些價值，也希望它能在科學上有助於進一步了解專注力及其潛力。對於我的妻子以及家人持續的愛以及支持，我也想表達我的感謝，文字無法表達我多麼珍惜這些。最後，我將最深的謝意獻給我所有的佛教老師，他們教給我奢摩他的理論，並且在修行的過程中指導我。對於他們，我永遠感到虧欠，並懷抱最深的敬意。

導讀

沒有幾件事情能像專注力這樣地影響我們的生活。不論是過度興奮或是感到平淡無聊，只要我們無法專注，便不能做好任何事情。當我們的注意力不完整時，我們無法好好看書、傾聽、談話、工作、玩樂，甚至睡覺。而且，我們當中有許多人的注意力，經常是不完整的。

那些注意力遠低於正常的人，有可能會被診斷爲注意力不足／過動症（attention deficit/hyperactivity disorder, ＡＤＨＤ），而對於這個病症最常見的處方便是用藥。這些年來，立得寧（Ritalin）及類似藥物在受歡迎的程度上有頗爲戲劇性的成長，單單美國一地製造及耗用此類藥物的數量，比世界上其它地區總和還多五倍。ＡＤＨＤ用藥的許多負面效果，則被視爲只是壓抑此病症狀所須付出的小小代價。這種物質主義式的治療方式爲藥廠帶來巨大的利益，但對於那些必須依賴這些藥物的人而言，用藥卻讓他們充滿了無力感。我們的文化雖然鼓勵「對藥物說不」，但如果所談的是對專注力病症的治療，所傳達出來的訊息卻是「速戰速決最好」。

但，這並不是說藥物本身對於ＡＤＨＤ的治療沒有幫助。數百萬人經由自身的經驗，已經確知藥物能幫助他們。在某些時候，這些藥品甚至可能相當重要，尤其在對抗較嚴重的症狀時，但這些藥品無法治癒任何一種疾病。它們僅只是壓抑症狀，同時產生有害的副作用；而即使你沒有因此上癮，卻仍然可能在心理上必須依賴它們——也許一輩子。因此，對於臨床的個案，以較寬的介入角度來看，藥物確實是重要的一環。但如果我們能讓孩子們、青少年，以及成人們早點脫離對於藥品的依賴，並且提供方法，讓他們以自己的力量來維持注意力的平穩，結果將會更好。

我們的專注力功能以數不完的方式，在影響著我們的生活。我們對於現實的認知，便緊緊相連於我們注意力集中的對象。只有我們注意到的事，才似乎眞的存在，而我們所沒有注意到的事——即使它很重要——便也變得不重要。美國哲學家暨現代心理學的拓荒者威廉・詹姆斯（William James）在一世紀以前下了這個結論：「在此當下，我們所注意到的，才算是眞的。」很顯然的，他並不是說，當我們不注意某些事，這些事就不存在；有許多我們並沒有注意到的事情，仍然對我們的生活以及這個世界整體，產生巨大的影響。但由於忽略了它們，它們便不在我們所認知的現實之中，我們也就根本不認爲它們存在。

由於每個人對事物關注的方式不同，因此我們居住於自己所選擇的宇宙當中，而與所選擇的人相遇。但多數人並沒有意識到這樣的選擇，也因此根本不能算是選擇。當我們想要回想一下自己是怎樣的人時，不可能記得所有曾經歷過的事，或記得所有曾表現出來的行爲及特質。當我們問「我是誰？」的時候，我們所想到的，往往只是許多年來曾經注意過的事情。我們對於其他人的印象也是如此。我們所看到的眞實，在客觀上並不一定存在，相反的，多數只是我們對於這世界所曾注意過的那些面向。

注意力始終是有高度選擇性的。如果你認爲自己是物質主義者，很可能你多半比較注意具有實體的東西及事件。任何缺乏實體的東西，對你而言就顯得缺乏「實質」，也就是說，它們並不眞的存在，不過，質能交換的副產物也許會是個例外。而如果你覺得自己是屬靈人士或宗教人士，那麼很可能你會注意的是比較觸摸不到的東西；上帝、靈魂、救贖、意識、愛、自由意志，以及純粹性靈上的因果關係，這些對你來說，或許要比元素的粒子及能量場更眞實些。我認爲，如果你隨時都能夠把注意力集中在自己所選擇的對象上，你便眞的是居住在自己所選擇的宇宙中了。

注意力對於人格及道德行爲也有十分深刻的影響。詹姆斯覺得，能夠自主地、一再地把遊走的注意力集中的能力，正是判斷力、人格，以及意志力的根源。基督教的冥想者，幾世紀以來早已知道，心思遊蕩容易被誘惑，甚而導致犯罪。而佛教徒也早已認知到，易於旁騖的心思容易屈服於各種心智上的苦痛，導致各種惡行。如果我們能讓自己的注意力遠離負面的誘惑，克服這些誘惑的可能性便可提高許多。

詹姆斯也主張，正由於各類天才都能維持自主、持續的專注，所以讓他們的能力在最後可以臻於卓越。我們只要想想，歷史上那些偉大的音樂家、數學家、科學家和哲學家，他們似乎全都擁有某種不凡的能力——能長時間維持高度清明的專注。處於如此警覺而平衡狀態下的心智，正是各式各樣原創的想像和創見得以浮現的沃土。是否有可能，「天才」事實上是我們所共同擁有的潛能？我們每個人都有自己獨特的創造能力，只需要持續的專注力來解開它？專注的心，能幫我們把創造力的火花帶到意識的表面來。另一方面，被一個接一個分神所綁縛的心，或許永遠也無法接觸到它自身的創造潛能。很明白的，如果我們能夠加強自己的專注能力，我們的生命將可得到戲劇性的改善。

專注力的可塑性

在上一世紀，對於注意力的各個層面所進行的研究，可說是不計其數，但對於注意力的可塑性（也就是它能夠經由訓練而被加強的程度）所取得的了解，卻又驚人的少。由於注意力在生活的各個層面都佔有極大重要性，這項疏忽不免要令人感到奇怪。

在這方面缺乏研究的原因之一，可能是來自一項公認的假設：我們的專注程度是欠缺彈性的。威廉・詹姆斯寫道：

能擁有這麼穩定可靠的專注力，無疑是大恩賜。那些擁有的人可以速度較快地工作，而精神耗損卻較少。我傾向於認爲，天生就不擁有這項特質的人，無法經由任何程度的訓練或規範而獲致高度的專注。它的「量」大概屬於個人特質當中固定的部分。

詹姆斯看出來，能夠自主地在特定主題上維持注意力，具有重大意義，進而主張，能有效地改善這種能力的教育，會是一種卓越教育（the education par excellence）。但對於實際上要如何做方可達此目的，他也感到茫然。

只要我們的心念還在亢奮及遲緩之間不自主地振盪，從某種注意力的失衡狀態擺盪到另外一種，或許永遠無法發現人類意識的深層部分。我們的心能夠永遠地擺脫情緒上的折磨，像是渴望、敵意、消沈、羨慕和傲慢嗎？我們的愛心及慈悲是有上限的嗎？而意識是有限且不可變的嗎？我們知道心念擁有療癒的力量（關於這點，有時是因其「安慰效應」），也有讓我們生病的能力。在人類意識當中，還有哪些力量在沈睡著？我們該如何來取得、使用這些力量？歷史上的靜思者都曾提出這些問題，而注意力也曾是探索這些問題的重要工具。

身處現代世界，我們享有前所未有的機會，可以接觸到許多內涵豐富、以禪修來進行探索的傳承。印度教及佛教的傳承來自於古印度，在專注力的開發上，它們已取得了獨特而卓越的成就。在本書當中提到的專注力訓練方式，便是取自此一禪修的遺產，當中包含了各式各樣的練習方式。儘管這些技巧來自於印度和西藏的佛教傳承，但任何從事的人，不論宗教或意識形態背景爲何，都可以了解及獲益。也如同任何一種技巧，譬如彈鋼琴或學習某種運動項目，都可經由訓練、反覆練習、養成習慣，來讓我們開發出新的能力。

不論你的起始點在哪裏，訓練注意力都能讓你獲益。在本書當中，我的目標是，不論讀者身處注意力開發這道光譜的何處，都能找到適當的工具來加強注意力。在初級的階段，這裏所提供的方法或許能幫忙預防及治療ＡＤＨＤ——這個病症讓日常工作帶來極大痛苦。對那些起始能力較高的人，這些方法可以被用在日常生活中，來維持較佳的專注力，並帶來更棒的工作表現、身體健康及情緒上的舒適。最後，這本書也包含了一些方法，能夠將注意力強化到無法想像的、在當代尚未被探索的層次，這些方法對於想要解開心智奧祕的禪修者來說，具有特別的價值。

特別是在比較高的階段，本書有時會深入一些議題，這些學理上的議題是以佛教徒爲背景來探討專注力訓練，也因此預設了某些背景知識或是性格傾向。這是由於我寫這本書的部份原因，是想談談當代佛教徒的困擾：關於佛陀以及後世評論者如何教導奢摩他，以及那份困擾在實際上的意涵。非佛教徒的讀者可能會發現，這些討論和自己想知道的沒有關係。要修習奢摩他，並不用皈依佛教，因此你儘可自在跳過這些章節。不過，藉著檢視在兩千五百年歷史當中這項訓練所產生的分歧，你或許仍會有些收穫。

專注力發展的十個階段

從我發現的禪修文獻當中，我選擇了最完整且最詳細的描述，作爲按部就班開發專注力時的參考架構。這十個階段，是蓮花戒（Kamalashila）這位第八世紀印度佛教禪修者，在其經典作品《修習次第》（*Stages of Meditation*）當中記述的。

在西藏一次歷史性的辯論當中，蓮花戒提出：要徹底淨化心智，需要三方面的訓練，也就是道德、專注力及禪修中靈光一現的頓悟。一閃而逝的頓悟固然十分可貴，但在此類短暫而喜樂的禪修經驗之後，仍需清理「穿髒了的衣服」[1]。因此，要想在禪修時獲得洞察力，仍需要高度平衡的專注力來支持，而這需要有系統的訓練。

這條路上已被詳細地鋪上路碑。藉著蓮花戒的大綱，我們可以了解自己身處何處、該做什麼，以及要找什麼。這十個專注力發展的階段是：

1. 被引導的專注力
2. 連續的專注力

3. 再度升起的專注力
4. 密切的專注力
5. 馴服的專注力
6. 平靜的專注力
7. 全然安詳的專注力
8. 專一的專注力
9. 專注力的平衡
10. 奢摩他

這十個階段是循序相接的。由無法專注超過幾秒鐘的心智開始，最後臻於一種平穩而又生意盎然的狀態，在此狀態下可以延續達數小時。修習的人按照順序，藉著拔除愈來愈隱微的兩類障礙：心智的亢奮與遲緩，然後前進。每個階段是否完成，乃以特定的標準來判斷，並伴隨有清楚的徵記。

譯註

❶經驗之後所遺留的感受或影響等。

三個技巧

爲了能帶領分佈在這十階段每個角落的禪修者，我從佛教的法教當中選出三個技巧，因爲我發現這三個技巧對於現代人相當有效。這三個技巧也是本書三大部分的基礎。對於前面四個階段的修行人而言，應該選擇覺得最容易的技巧來修習。到了第五階段後，心念已經相對的較爲穩定，便可以選擇較爲精微的技巧。

要完成前面四個階段，我所推薦的是「專注於呼吸法」（mindfulness of breathing）。讀者可在禪宗、內觀，及藏傳佛教中，找到此法的不同版本。專注於呼吸的意思，是將你的意識安放在和呼吸相關的感覺上，只要你的心念遊走了，就再次把注意力放回這些感覺上。

從第五階段開始，我所推薦的方法稱爲「安放心智於其自然狀態」。在此，你將自己的注意力引導到心智過去的經驗上，也就是所有在心中出現的東西（統稱爲「事件」）——想法、影像以及情緒。這個方法是從大圓滿法教當中擷取出來的，但也可以在其它的佛教傳承中找到。而在第八階段之後，我們將進行更精微的修行，也就是維持對於覺知本身的覺知。這項技巧稱作「沒有對象的奢摩他」。這項修行主要並非爲了「開發」注意力的穩定度及活力，而是要「發現」意識本身內有的靜止與光亮❷之特性。

練習「專注於呼吸法」對於任何人都有幫助，包括那些想要預防或者治療ＡＤＨ

D的人在內。許多人會覺得，第二種修行「安放心智於其自然狀態」有較高的挑戰性，但也有人會很自然的就能上手。同樣的，「對於覺知的覺知」的修行會更難捉摸，但對於那些被它所強烈吸引的人，可能從一開始，便會覺得它是最適合的練習。

你可以採用這三種方法其中一種，而順著這十個階段一路進步；你也可以跟隨書中呈現的順序來修習全部的方法。你的進步有多快，將取決於你投入的程度，以及你的生活方式和環境對此修行的支持度。

間奏曲

在這十個階段的說明之間，我安插了一些「間奏曲」，這是一些輔助性的練習，對於專注力的訓練具有補充的作用。在前四階段，每個階段的解說之後，我安排的間奏曲分別是用來培養心的四種特質：「慈愛」、「慈悲」、「隨喜」、「平靜」。這些練習

譯註

❷在佛教名詞中，luminosity特指心的本然狀態之一，通常被譯為「明性」，意指清楚明白，但常被誤為「光明」；雖然它確有「在黑暗中出現清明」的意味，但絕非光亮本身。此看法似與原作全文之本意稍有出入，譯文仍推敲原意呈現；特附註於此，謹供參考。

對於平衡我們的情緒，及打開我們的心房特別有幫助。如果我們知道如何較聰明地處理自己的情緒，我們可因此避開許多可能阻礙我們追求專注力的障礙。

在第五階段到第九階段解說之間，所安排的間奏曲是：在白天和晚上練習清晰夢（lucid dreaming）（取自現代科學研究），以及夢瑜伽的練習（源自藏傳佛教）。這些練習是用來加強日間及晚上的警醒度，因爲如果我們的專注力只有在正式的禪修中才得以集中，那麼收穫就比較有限。

擁有強有力的專注能力，最大好處之一是，我們可以更容易培養出其它的正面特質。以專注力作爲得力的工具，我們可以根除以前感到棘手的壞習慣，例如某些上癮的行爲或有害的想法及情緒。我們可以用它發展出對別人心胸寬大的態度，而以此爲基礎，可以體驗到心智的本質，並獲得對於實相的深刻洞見，也會因此徹底改變我們和這個世界的關係。

目標及期望

大多數的人只要到達十個階段中的第二階段，便會發覺他們的生活得到大大的改善。對於那些生活步調緊湊、有事業和家庭責任的人而言，這種程度的開發確實需要投入一些努力，但只要他們願意找出一些時間來禪修就可做到。它能戲劇化地改善你做事的品質，也讓你在面對身心壓力時更具有彈性。如果這便是你的目標，那麼，使用書中的技巧要達成這個目標，是沒有問題的。

然而，就像前面提過的，本書同樣可以引導有意學習的人，讓他們的集中力比正常還要好許多。對多數人而言，想要達到第三階段，所需要投入的時間，會比在忙碌的一天當中，禪修一、兩個小時還要多。至於更高階段，對於能投入數星期或數月、並在有助於修練的環境中來進行嚴格修行的人而言，是可能達到的。想要超越第四階段的人，必須把訓練視為志業來投入，而這包括了一次要花上好幾個月或好幾年，以進行全時的修行。

如果你將書中討論到的十個階段都走過了，所得到的利益將會是十分巨大的。當達到第九階段的時候，你的心智已經被琢磨得非常精細，連最微小的失衡狀況也沒有了。到這個程度，據說你可以毫不費力、絕不搖擺地，專注在你所選擇的對象達四個小時以上。在訓練剛開始時，傳統上鼓勵禪修者進行每次二十四分鐘的修練（這是一日一夜的六十分之一）。而當這項訓練結束時，應該能讓你的注意力達到前所未有的清晰程度，並維持長達十倍以上的時間。

根據西藏口授傳統所說，在所有合於條件進行這項訓練的禪修者當中，那些根器最高的人，可能可以在三個月之內成就全部十個階段；那些根器中等的人，可能需要六個月；而那些根器較「鈍」的，則可能需要九個月。這些估計若要成立，必須有個前提：禪修者身處的環境合適，而且他可以日日夜夜都投身於禪修。前面提到根器高、中、鈍，所指的是那些前來接受訓練的人，本身的天分及專注力平衡的狀態。就像某些人天生是音樂家、運動家，和數學家，也有人天生就具有不凡的專注穩定度以及活力，這會讓他們在修行當中起跑較快。還有些人可能對於這項訓練抱著極高的熱情，並且十分願意投入，這也讓他們可以安然度過許多個月的辛苦練習。

如此程度的專業訓練，對於本書多數的讀者而言，可能會感到望之卻步，而且不大可行。但把它拿來跟奧林匹克運動員的訓練做比較：只有少數的人才有時間、能力，並且在傾向上又適合投入此種訓練；而從第一眼看，訓練本身和人類今天所面對的各種現實問題似乎並無關聯。但對於認眞的運動員們所作的研究，讓我們對於飲食、運動，以及動機已獲得許多寶貴的認識，而這些認識跟大眾則是息息相關的。奧林匹克運動員的訓練，主要目標是在獲取體能的卓越，而我們這項注意力的訓練，則是關心專注力如何能達到最高程度的表現。

當禪修者到了第九階段以後，他便已準備好要做大突破了，其中包括一次神經系統的劇烈轉變以及意識的根本變化。他就要到達奢摩他的境界了：他的心智擁有驚人的能力，能以數不清的各種方式來運用，而他的身體則擁有前所未有的柔軟度以及飄浮的能力。這是不凡的成就，任何他所經歷過的事沒有一樣類似。

遠自佛陀的時代以來，只要有人問到佛教徒修行的本質是什麼，他們通常都會回答「來看看！」在一九九二年，想要研究西藏閉關者之高級禪修效果的神經科學家，在說明了他們想檢視禪修對神經及行爲的影響之後，其中一位僧侶這樣回答：「如果你眞的想了解禪修的影響，我很樂於教你。但必須經由你第一手的體驗，你才會眞的知道這種修行的效果。」

我們現在就開始第一階段的練習，使用的是專注於呼吸法。

初階

專注於呼吸

第一階：被引導的專注力

間奏曲：慈愛

第二階：連續的專注力

間奏曲：慈悲

第三階：再度升起的專注力

間奏曲：隨喜

第四階：密切的專注力

間奏曲：平心靜氣

第一階：被引導的專注力

在尚未成就奢摩他之前有九個階段，第一階段稱爲「被引導的專注力」。完成這個階段的指標是，只要能將心思集中在你所選擇的禪修目標上（即使只有一兩秒鐘）便可。如果你試著把專注引導到較有困難度的對象上，比如說較爲繁複的影像，則可能需要幾天或幾個禮拜才能達成。但如果你所選的目標是自己的呼吸，或許在第一次嘗試時就達成這個階段的目標了。

在奢摩他修行中，能夠「全心全意（正念）」是件重要的事情。這裏所說的「全心全意」跟一些當代禪修導師所談的有些不同。舉例來說，內觀的導師通常會把全心全意解釋爲一種覺知：不論所出現的心念爲何，隨時都能注意，且不加以批判。但以奢摩他角度來看，「全心全意」所指的是不間斷地注意某個熟悉的對象，無時或忘，也無雜念。

我們可利用聽的力量來完成第一階段。根據佛教的傳統，學習新題材最有效的方式，是直接從一位有經驗、博學的老師那裏學。首先你聆聽教誨，然後進行閱讀、研究及練習。聽的力量所指的不只是傾聽老師的指導，也包括進行相關的閱讀——當你沒有一位合格的老師來指導你時，這點更顯得重要。

在奢摩他修行當中，最早出現的一項進步特徵是：注意到我們的心念是如何地混亂。我們試著要保持注意，但是通常很快就忘掉，而神遊他處去了。那些從來沒有安靜坐下、試著專心的人，可能會誤以爲自己的心思是平靜而集中的。只有當我們試著要把注意力引導到單一對象上達好幾分鐘時，才會發覺我們的注意力是多麼混亂、破碎。從佛教徒的眼光來看，尚未經過訓練的心智，會經常受到注意力缺乏或注意力過度活動的折磨，如此的心智無法發揮正常功能。

還未被馴化的心智，就像隻野生的大象，可能會對自己及周遭的人，造成極大的傷害。心智即使正常，但若沒有經過訓練，除可能上下游移於注意力不足（這時我們是被動的）以及注意力過度活動（這時我們是主動的）之間，還會不自主地釋放出一個接一個有毒的游移念頭，並且執著地抓住這些念頭，跟隨它們衍生出一個又一個故事。注意力不足／過動症以及妄想／強迫症，並不只發生在那些被診斷出有這些精神疾病的人身上，正常的心智同樣容易陷於此種不平衡的情況，這也是一般人常感受到許多心理壓力的原因。這些焦慮與不安，正是不平衡的心智所表現出來的徵兆。

然而，這兩項功能失調，似乎是心智內在就有的傾向。注意力過度活動的特徵有興奮、激昂，和分神；而注意力不足的特徵則是鬆散、遲緩，和缺少活力。當心智處於這兩種失衡狀態時，我們腦袋裏會出現什麼，自己無法控制。我們或許相信有自由意志這回事，但如果說連自己想注意的方向都無法控制，實在很難說自己是自由的。不需要哲學家或認知科學家來告訴我們，我們就很明白，自己的行爲並不是始終由自由意志所引導；我們只要試著把自己的注意力放在某個選定物體上，這個道理馬上就會很清楚。

因此，專注於呼吸的練習，便是要將自己覺知的時間拉長。雖然這需要相當警覺的心，但這種專心不宜造成緊張，而應該感到相當平和。當我們發現，已經從禪修的對象分心了，很自然的，可能會想更努力約束自己、緊緊抓住自己的心念。你從那些想用這種方式來專心的人，從他們臉上的表情可以看出來：嘴唇嘬在一起，眉毛拉近，前額也皺了。他們的確變得更專心了，但只是像橘子汁一樣——他們腦袋裏大部份流動的部分都被榨出來了。如果你想維持專注的時間不長，而且不在意緊張、疲累這些副作用，那麼你可以使用上面這種策略。然而，如果你想踏上奢摩他之路，那麼最好採取別的方法。

我是經由自身的經驗才發現這件事的。在我第一次較長的奢摩他閉關時，我充滿了熱切的期待，想要好好利用這次難得的機會，因爲我是要去印度，在達賴喇嘛的指導下進行禪修！我不用擔心錢的問題，而物質上的需要，也很容易就獲得解決了。我唯一需要做的事情，只是將聆聽到的教導付諸實行。我用全部的意志來投入這項訓練。

每天早上，我會在三點三十分起床，除了有一次例外，睡到三點四十五分，在當時，這讓我對自己的懈怠感到生氣。我是如此熱中，同時又如此緊張！在那些年我所讀過與奢摩他禪修相關的西藏讀本中提到，在此種修行開始時，所需具備的專注型態是「高度專心」，因此我盡我所能地、努力讓自己的心思不會遊走。每天我都投入好幾個鐘頭來禪修，只過幾星期，我便可以讓自己的注意力維持在選定的對象上，達半小時之久。我爲自己能夠進步得這麼快，而感到非常高興。

然而，又過了幾星期，我發覺自己感到愈來愈疲累。我把自己在身心兩方面都榨乾了，我對於練習的喜悅也漸漸消失，同時我發現，自己的注意力並沒有更進一步得到發展。我做錯了什麼事？我努力過頭了。要培養奢摩他，便要牽涉到心智的平衡，而這也包括了能夠在練習時的努力及事後的放鬆之間保持平衡。

我想這件事指出了住在高山上的傳統西藏人，和過著快節奏生活的現代人，兩者之間的文化差異，後者的感官始終被電話、電子郵件、媒體以及噪音不斷轟炸著。多年如此的生活，制約了神經系統和心智，對於如鄉村般的西藏，這些制約方式可能就像折磨一樣。有一位我所認識的傳統西藏醫生，曾經在某次談到住在西方世界的人時，這麼說：「從西藏醫學的角度來看，你們都有神經方面的疾病。但再以你們生病的程度來看，你們又處理得非常好！」不管我們是住在波士頓、布宜諾斯艾利斯、柏林或者北京，我們的心智，和那些一世紀以前住在西藏的遊牧民族及農夫比起來，可說是被制約得很緊繃，也較容易有強迫型的思考。因此當西藏的禪修手冊建議初學者把他們的注意力緊緊地集中時，那些指令是說給背景非常不同的讀者聽的，而不是一般身處二十一世紀的城市人。在我們尚未開發出專注力的穩定性之前，我們必須先學著放輕鬆。

在接下來的靜坐指引裏，我會把放鬆的練習揉和在專注於呼吸的指引之中。

練習：專注於呼吸，同時放鬆自己

我們的心智和身體是綁在一塊的，因此在禪修練習中，我們必須也把身體考慮進去。在每節練習中，我們先將身體安放在其自然狀態中，然後讓自己充滿這三種特質：放鬆、靜止，及警醒。

姿勢

一般而言，練習禪修時，以雙腿交叉的方式坐在坐墊上是比較好的。但如果這個姿勢讓你感到不舒服，你也可以坐在椅子上，或是平躺（背朝下）、把頭部放在枕頭上。不論你採取哪個姿勢，都讓背部保持挺直，身體感到放鬆及隨意。眼睛可以閉起來、半閉著或是張開，也請隨意。練習專注於呼吸法時，我個人的習慣是半閉著眼睛，讓少許的光進來；我同時喜歡在有溫柔光線的房間中靜坐。穿著要寬鬆舒適，別讓你的腰、腹部受到壓迫。

如果你採取坐姿，可以將雙手放在膝蓋或大腿上。頭部可以稍微傾斜，或面向正前方。舌頭輕觸上顎。然後開始注意全身上下的觸覺，從腳底板一直到頭頂。特別注意肩膀及頸部的感覺，如果覺得僵直，試著放鬆。同樣地，也注意你的臉部肌肉，下巴、太陽穴、前額、還有眼睛，任何感到束縛的地方要讓它放鬆。讓你的臉就像睡眠中的嬰兒一般放鬆，全身也都感覺輕鬆才好。

在整節練習中，試著保持全身靜止。避免任何不必要的動作，如抓癢、坐立不安。你會發覺身體靜止對心智的安靜有幫助。

如果你是坐著的，請採取「警醒的姿勢」：輕輕撐起胸骨，讓吸氣時能感受到肚子有呼吸的感覺——在吸氣時肚子會擴大，呼氣時會縮回。禪修時，呼吸的方式就好像把水倒入瓶子裏，從底部開始盛水。如果呼吸得淺，只有肚子會擴大；較深的呼吸則讓你的肚子先擴大，接著橫隔膜也會擴展；如果呼吸得更深點，在肚子和橫隔膜之後，胸部也會擴大。

如果採取臥姿，請調整你的姿勢，讓自己可以在腦海中從腳跟之間經過肚臍，畫一條直線到達下巴。讓雙腳向外，雙臂由軀幹向外伸展約三十度，掌心向上。頭歇在枕上。你或許會發現，放個墊子在膝蓋下可以幫助背部放鬆。要在臥姿保持警醒，基本上較屬於心理層面，請保持這個態度：把臥姿視爲正式靜坐姿勢，而不僅是休息。

練習

保持輕鬆、靜止，但警醒。在所有禪修練習的過程中，身體都必須保持這三種特質。以此三種特質讓身體安歇下來後，進行三次緩慢、深沉的呼吸，呼和吸都須經由鼻腔。讓你的覺知遍及全身，注意每個與呼吸相關的感覺。輕鬆自在地進行這些呼吸，就好像你正在接受來自身體內部的按摩。

再來，以自然的方式呼吸，繼續經由鼻子來呼吸，注意身體之中所有和呼吸相關的感覺。持續覺察每個吸入、呼出的過程，注意到是長的還是短的、淺的或者深的、慢的還是快的。不要強制自己呼吸的節奏。對呼吸保持仔細的注意，但不要以意志影響它。甚至不要偏好某個呼吸方式，不要認爲有韻律的呼吸一定比不規則的要好。讓身體像快要睡著似地呼吸著，但心智上卻保持警醒。

一定會有些想法不自主地出現，你的注意力也會因爲環境中的噪音或其它刺激而被拉走。當你注意到自己已經分心了，別緊張地強迫自己回去注意呼吸，只要讓這些想法或分心的事物過去了就好；你可以這麼做：藉由每次的呼氣，放鬆你的身體，放掉身體之外的念頭，喜悅地讓自己的注意力回到身體上。當你注意到自己的心念遊走了，別生氣；只須爲自己注意到這次分心而感到高興就好，溫和地回到你的呼吸上。

一次又一次的，心念中的亢奮及騷動，都可用更深度的放鬆來對治，而不要把壓力加在你的身體或心智上。如果肩膀上、臉上或眼睛附近感到緊繃，放鬆它。用每一次呼吸來釋放不自主的念頭，就好像它們是乾枯的葉子，被輕柔的微風吹跑。在整個呼氣的過程中，讓自己深深地放鬆，而在接著而來、毫不費力、如潮水般的吸氣過程裏，也持續放鬆。如此不用費力地呼吸著，感覺倒像是你的周遭環境在呼吸著你的身體似的。

一節練習持續進行二十四分鐘，然後保持全心留意地、由禪修之中出來，再次與周遭的世界接軌。

回想剛剛的練習

上面關於專注於呼吸的靜坐引導，是根據佛陀對這個主題的法教而寫的。這裏附上一段佛陀的解釋：

吸氣長時，知道吸氣長。呼氣長時，知道呼氣長。吸氣短時，知道吸氣短。呼氣短時，知道呼氣短。訓練的是：「我在吸氣，也感受整個身體；我在呼氣，也感受整個身體。我在吸氣，也撫慰了整個身體；我在呼氣，也撫慰了身體每個部分。」

就如同前面提到的，在這個練習之中，別試著以任何方式來規律你的呼吸節奏，你只須注意每次吸氣及呼氣的過程。對於這個法教，多數的南傳佛教評論認爲「也感受整個身體」所指的是呼吸的整個「身體」，也就是整個吸氣和呼氣的過程。當然，這是這項練習的目標之一，然而，在呼吸過程中覺察整個身體的感覺，也自有其價值。

這可以說是訓練專注力的「田野課程」。我們並沒有把注意力集中於某個心象、某段禱文、某句咒語，或身體的某個特定部位，而是讓你的意識向整個身體的感受敞開，尤其是那些和呼吸相關的部分。這裏所要強調的是身與心的放鬆。如果你約束了自己的身心，這樣的訓練將會加重你原有的緊張。藉由將意識安放在身體上，身體及心念上的糾結便得以鬆開。被綁緊的部分自行解開了，而這也讓身體內的網絡得以紓緩。

對那些容易有強迫型想法的人而言，專注於呼吸法可說是受到任何人的共同重視。第五世紀的佛教大師無著曾經這麼說：「如果不自主的想法特別容易支配你的行爲，那麼，練習將你的心思專注在每次呼吸的呼氣及吸氣上。」幾乎每個住在現代世界的人，都必須處理過多的想法、記憶及計畫，而對於這點，或許這正是醫生會寫下的處方：對於過勞的身體以及心智，給予緩解及治療作用的一般處方。

雖然一般而言，佛教較鼓勵雙腿交叉的靜坐方式，佛陀本人則鼓勵他的弟子，可用下列四種姿勢任一種來修行：行走、站立、坐著、平躺。每一種都很適合。並不是每個住在現代世界中的人，都有相同的心智或神經系統。如果你比較容易興奮，也許你會發現，躺下來對於釋放身心的緊張及躁動不安特別有幫助。但如果你較容易散漫、不論什麼時候躺下來都可能馬上睡著，那麼你可能必須在靜坐的時候保持直立。

如果你的身體已經覺得疲累，但還不準備睡覺，躺下來進行靜坐也很有幫助。在這種情況之下，你或許不想讓自己以警覺的姿勢坐著，但如果想到可以躺下來一會兒，或許就會躍躍欲試。順從身體想休息的需求，採取平躺的姿勢也可讓你的心得以平靜下來。這個時候，靜坐很可能會比看電視或讀報紙讓你更有煥然一新及撫慰的效果。如果你生病、受傷或感到虛弱，或許就只能平躺。平躺的姿勢對於那些身處醫院、安養機構、收容所而想要靜坐的人，可能特別有用。

專注於呼吸法是個很棒的工具，它讓你準備好自己的心、可接受心智訓練，而且它也可以幫助你入睡。如果你被失眠所苦，這個方法可以幫助你，在睡前釋放身心的緊張。如果你在半夜醒來，無法再次入睡，專注於呼吸法也可以幫助你脫離那些充斥腦海的想法。最近有研究指出，大約有八成美國人長期睡眠不足，所以即使這個練習只幫助你睡飽，也已經很值得了。

覺知的生活方式

我們都注意到身體是如何自癒的。內科醫師治不了擦傷，外科醫師也癒合不了骨折。他們所做的，只是設法讓身體自行療癒——讓傷口保持乾淨、將斷骨接好位置等等。身體本身內在具有療癒力這項不凡的特質，因爲常見，反而讓我們容易忘記。

通常當我們發現自己可以控制某事或某物時，便會試著以某個方式來調整它。但是專注於呼吸法要我們儘量讓呼吸不被干擾地進來和出去，我們必須開始假設，身體要比頭腦更知道如何好好呼吸。就像身體最了解如何療癒傷口或斷骨，它也最了解如何呼吸。要相信你的身體。你很可能會發現，當注意力不會猶豫不決及游移時，單單持續地覺察呼吸便可撫慰身體，也紓解了心。你會發現，療癒的過程眞的就在自己眼前發生。

這個方法，對於克服身體及精神上由於高壓、緊湊的生活所造成的失衡狀況，很有效果；但也可以一開始就用相同的方法，來預防發生這些失衡。環境主義者所說的「跟在大象後頭做清理工作」，指的是清理工業污染這項永無止境的工作；然而，遠較爲有效的策略應該是，一開始就避免環境被污染。同樣的，注意呼吸法可以用來預防我們內在環境被污染。它幫我們拴住心靈的大象，從而避免了在現代社會裏生活常會發生的失衡狀態。

對於身心的療癒，環境主義者的想法還提供我們另一個很有意思的比方。當一條溪被污染後，我們常會試著在毒水裏加入解毒劑，希望這樣的添加物可以中和污染所造成的傷害。但比較直接而合理的方法，卻只是阻止污染源流入溪中。只要做到這點，水隨著時間流經土壤、岩石及草木，便可得到完全的淨化。同樣地，你不必採取任何特殊的呼吸法，只要自己不再讓跳動的想法及情緒干擾呼吸，不必太久就會發現，健康的呼吸方式已經自然地恢復了。

根據佛教及其它禪修傳承，心靈的失衡和身體是密切相關的，尤其和呼吸息息相關。不論我們感到平靜或者氣憤，我們的呼吸馬上有反應。反之亦然，呼吸不平順時，同樣影響我們的情緒狀態。在一天之中，我們的心，經常會被一條由不安的想法、計畫、記憶，及憂慮所形成的河流圍繞。當你下次感到生氣或悲傷、高興或驚喜時，注意一下你的呼吸節奏。當你努力工作、埋首桌前，或陷於車陣當中時，也注意看看。把那些呼吸的型態，跟你在家中平靜坐著、傾聽音樂，或是觀賞落日時的呼吸比較看看。

當我們在作夢時，即使我們的身體及感官都睡著了，各種心智過程仍繼續運作。我們對於夢境的情緒反應，如同它們是眞實事件，這些反應對於身體及呼吸也有相同的影響，就像我們清醒時一般。這些感官及心智持續提供的訊息，只有當我們在深沉的無夢睡眠當中才停止。也只有這時，呼吸可以脫離心智的干擾、影響。我相信，這便是我們多數人在一天當中呼吸最健康的時刻。當一天結束時，我們可能筋疲力盡地睡著，不過八個小時之後我們又清醒了，生龍活虎地面對嶄新的一天。但太常見的是，這一天只是再度把自己搞得身心失衡的另一天。

如今，我們有了改掉這個壞習慣的機會。我們不必等到睡著，才讓呼吸來撫平日間造成的傷害。有了專注於呼吸法，我們可以在任何時候來做。不必控制呼吸，我們儘量讓呼吸少費力，而身體便因此自行恢復平衡。

只需把注意力集中於呼吸的感覺上，如此即是這項修行的第一個階段：被引導的注意力。只要你能夠將注意力維持在呼吸上幾秒鐘，你便已完成此階段。如果想認眞練習，可在早晨或晚上，進行一會兒靜坐，這樣就能讓你對於從事的所有活動，獲得更清楚的認識，也讓你對於有害的習慣，可以很自然地察覺。

但即使你覺得這項練習的確有幫助，仍可能無法每天找出時間，來從事這種注意力的訓練。要找出時間來平衡你的心，便需要對自己相當慈愛才行。因此，爲了能作出有益於自己健康的選擇，而不只是讓自己覺得舒服而已，或許你可以先培養慈愛之心。

間奏曲 慈愛

由於這個時代加諸我們種種的要求，因此當你想到要從忙碌的日子裏，抽出時間來進行靜坐，感覺會像額外負擔。但我卻要說，許多人找不到時間來靜坐的原因，其實並非他們很忙。我們每天的任一分鐘都在做「事」——不管我們的生活有多忙碌或多悠閒。我們要如何來運用自己的時間，其實只是單純在輕重緩急上的安排。將與生存相關的事（確定我們的食衣住行得到充分供應、孩子得到最好的教育）列爲順序上較高位，可說是常識。以教育上的比喻來說，滿足基本需求的工作，可說是行動上的「必修課」，而其它事則是「選修課」。我們選擇什麼樣的活動來塡補生活中的每一刻，則是取決於我們的價值觀。

或者，也可以用另一種說法來表示：在我們處理好基本需求之後，便可將剩下的時間奉獻在我們心生嚮往的所在。我們也許可將它想成是對於快樂、滿足感，或是有意義人生的追求。然而，不論我們如何來看待自己生命的目的，最終總是落在那些能爲我們帶來滿足的人、物、環境，或是一些較摸不著的特質上。你已經活了幾十年，追求著快樂。停下來一刻，問問自己：你的生活到目前為止帶給你多少滿足？

選擇真正的快樂

歷史上有許多最偉大的思想家，從聖奧古斯汀、威廉·詹姆斯，到達賴喇嘛都曾經說過，生命的目的在於追求真正的快樂。如此不尋常的聲明，所指的顯然不是追求讓人愉快的外在刺激而已。他們心裏想的是更深層、更長久、更可靠、來自內在的幸福。

感到眞正的快樂，是心智平衡而健康的表徵，就像身體感覺舒服是身體健康的指標一樣。然而在現代人之中，有個想法相當普遍：生命本來便要受苦，我們會經歷挫折、憂鬱及焦慮，只是因為身為人之所必然。但我們在心理上所受的苦，在許多時候並沒有任何正面的意義，這些心理的苦對我們沒有任何助益；這些苦只是失衡心智的一項表徵。

在追求快樂時，必須先看清楚一件很重要的事：世上能由我們個人掌控的事，畢竟很少。其它的人——家人、朋友、忙碌的同事，以及陌生人——有他們想做的事，來配合他們自己的想法及目標。同樣的，我們對於總體經濟、國際關係，或是自然環境也無力控制。因此，如果我們對於快樂的追求，是基於我們是否擁有能夠影響其他人及整個世界的能力，我們幾乎注定一定要失敗的。我們眞正能掌控的是什麼？我們在此時此刻眞正所擁有的自由是什麼？我們的第一個自由之舉，應該是明智地安排我們的輕重緩急順序。

意欲的平衡，以及評估我們的輕重緩急順序

經由檢視我們工作的目的以及所希望的東西，即我們將時間和資源投入的對象，我們可以更進一步了解自己的輕重順序。「意欲力」（conation）所指的是，我們的欲念及意志的力量。意欲力的平衡，是心理健康重要的一環；當我們的欲望，對於自己及他人的眞正快樂有所幫助時，意欲力便得以平衡。而另一方面，意欲力失衡，指的是我們的欲望將我們帶離了心理健康，而造成心理上的痛苦。此種失衡又分三類：意欲不足、意欲過多、意欲失能。

意欲不足發生於，當我們對於較廣大的快樂及其原因感到漠然時。這種漠然，通常伴隨了想像力的缺乏及某方面的停滯：我們無法想像會覺得比現在更好，所以不想嘗試改變現狀。這也讓我們失去了獲致更大心理幸福的動機。意欲過多發生於，過度的欲念遮蔽了對當下現實的認知。對於未來的幻想，也就是尚未實現的欲望，讓我們看不到此時此地正在發生的事。至於，當我們所想望的，卻對自己或他人的福祉造成傷害時，以及當我們不想要那些能爲自己及他人帶來眞正快樂的事物時，便發生了所

謂的意欲失能。在此我加入了「他人」，因爲我們若離群索居，便無法培養出最佳的心智平衡狀態。我們並非遺世而獨立，因此若沒有他人，我們的幸福也不可能出現。個人要想發展，我們便必須考慮自己周遭的人的幸福。如同佛陀所說：「愛自己的人永遠不會傷害別人。」

印度的佛教禪修者寂天，對於意欲失能發表如下的看法：「那些想逃離痛苦的人，加速地衝向自己的不幸。而正是爲了想得到快樂，卻由於錯覺，反將自己的幸福當成敵人一般毀滅。」在佛教中，未能得到引導的欲念，被稱爲渴望，意思是，我們被某物所吸引，而誇張了此物的好處，同時忽略了它的壞處。若我們的渴望很強烈，我們甚至會以爲自己的快樂只在此物之中，我們的心被這個渴望所扭曲了。這種扭曲讓我們無力，卻賦予此想望之物力量。當現實終究打破了幻想時，幻滅佔據了我們。進而可能帶來恨意及躲避，讓我們對於曾經渴望的東西，投射以負面的特性。

找出時間來

讓我們回到本書的主題，對於專注力訓練而言，找不到時間來做，可說是其中一大阻礙。而我們會找不出時間靜坐的原因，便是因爲我們花許多時間在別的選擇對象上。這些選擇對象有的屬於基本需求，但也有許多正屬於上述意思的渴望之物。爲了得到美好生活的象徵：財富、一時享樂、讚美、好名聲，我們可能剝奪了自己在現實中好好生活的權利。我們不想把更多時間投入於平衡自己的心智，其原因是我們正以賭博的方式在過日子，希望藉著追求易逝的歡樂，來找到想要的快樂。心理學家稱此爲「快樂水車」（hedonic treadmill）。而要脫離這種累人而單調的工作，首先就得找到一幅描繪眞正快樂的遠景，它是以我們內在大多尙未開發的資源畫出來的。這便是我們培養慈愛的起點，先要爲了我們自己，再則爲了我們周遭的人。

禪修慈愛

首先，以舒服的姿勢讓身體安歇，雙腿交叉或坐在椅子上。讓自己覺知到全身上下的官能感覺，讓呼吸深入到任何覺得緊繃或拘束的部位。保持靜止，並採取警醒的姿勢。然後緩慢的進行三次深呼吸，經由鼻腔，下到腹部，擴大了橫隔膜，最後是胸腔。毫不費力地呼氣，讓你的身體安放在休息的狀態。

花點時間注意你呼吸的節奏，別被不止息的念頭及情緒所壓抑，並安放你的意識在放鬆、靜止而清晰的空間中。

好，保持在此安詳狀態下，接下來，用三個問題來引發你的想像力。第一個問題是，如果能快樂、有意義、充實的生活，我很想從這世上得到什麼？當中有一些可能是有形體的東西，譬如食物、住所、衣著及醫療。但其它能夠讓你感到幸福的必需品，可能是無形的，例如環境中和諧的氣氛、同伴溫暖的情誼，以及引導你探索自己靈魂的智慧忠告。清楚地告訴自己的心，哪些你想要的、能滿足基本需求的事物，接著升高你的熱望：「希望這些眞正的想望能夠實現。」

再來，更進一步，跟隨你的快樂遠景。清楚地看到你的基本需求得到滿足，進一步問自己，你很想從你身旁的人以及大環境得到什麼？他們能夠提供你什麼，來助你找到想要的快樂？你可能想到一些有形的或無形的東西——任何你覺得會幫助你實現心之所欲的東西。想像整個世界爲了你而動了起來，就在這裏、這個時候，而且提供你所有外在的支持，來實現你的熱望。

我們每個人每天每刻都在不斷地變化，就像我們的身與心，也始終在流變的狀態之中。下個問題是，我想要成爲什麼樣的人？我想要擁有什麼樣的人格特質？不論你選擇要改變或不改變，你終究會改變，因此，想像一下，身爲人的你，很想要經歷的改變有哪些。想像你在短期以及長期的改變。而當你很想要的樣子逐漸成形時，也想像一下，這種轉變此時此地正實際在發生當中。

我們之中沒有人是完全離群索居的，不管居住在哪裏、也不管如何過日子。不論行動或不行動，我們對於周遭的人免不了要發生一些影響。不論我們想不想，我們對於世界正在產生衝擊。最後一個你可以問自己的問題是，我很想要給這個世界、給周遭的人以及大環境的，是些什麼東西？我很想留在世上的，是什麼樣的痕跡？讓你的意識想像一下這個遠景，爲它加上你能夠想到的更多細節，然後想像這個夢想，在此時此地正實現之中。

正如你爲了自己而尋找快樂，你所有的鄰居也熱切希望他們的想望得以實現。擴展你的愛意，擁抱每個鄰近的有情眾生，人與非人，而如此祝願：「希望你們每一個，都像我一樣，能找到想要的快樂，同時希望你們能培養出成就此快樂的種子！」繼續把你的慈愛之心擴及到你周遭的每個人身上，逐漸擴展你的圈子，直到能包含世上所有眾生──如你一般，他們每一個都在尋找快樂。

第二階：連續的專注力

對於大多數踏上這條專注力開發之路的人來說，最讓人感到徬徨無計的問題是「亢奮」。許多原因都會造成心智因受刺激而分神。憤怒及害怕當然有這樣的影響力，然而，就算只是居住在熱鬧、吵雜的環境中，也會輕易地讓我們的心智無法穩定。但是最常見的、能危害注意力健全及讓專注力無法持續的原因，是渴望，也就是未經引導的欲念。

一顆容易渴望的心，其一般症狀有：無法滿足、無法休息，以及焦慮不安。我們可能會試著讓自己沈浸於工作、娛樂、聊天，或任何可以掩蓋這些症狀的事情中，來壓抑這些不舒服的感覺。或者，我們也可以針對帶來痛苦的根源，藉著修行奢摩他及禪修慈愛，來治癒我們意欲失衡的狀態。

那些走過九個階段，達到奢摩他境界的高階禪修者，指出了三個層次的亢奮狀態。第一層稱作「粗亢奮」，這是我們在專注力訓練的初始階段，通常會遇到的情況。接下來的兩個亢奮層次是「中亢奮」及「細亢奮」，則是在較高階的專注力訓練當中，才會變得明顯。

當粗亢奮接管我們的心時，我們會完全放掉自己所選擇的專注目標。好比是，我們的心被迫受到劫持，丟進一個箱子中，裏頭有著讓人分心的念頭或是感官刺激。在注意力發展的第一階段（被引導的專注力），亢奮的層次相當粗質，你幾乎無法針對你所選擇的對象，進行連續的專注。心念由某個東西跳到另一個東西上，就像一隻鳥從這個枝頭飛到另一個枝頭，無法靜下來。類此的騷動，只能經由持續而有技巧的練習，以培養出較深度的放鬆，及內在輕鬆感來對治。最後，你的心開始平靜下來，而在出現幾段較長的專注之後，又會再度陷於混亂。

以某個角度來看，專注於呼吸法還蠻容易練習的。要把自己的注意力引導到呼吸相關的觸感上並不難。在練習剛開始時，你下定決心要做的，就只是這麼單純的事，但幾秒鐘之後，你的心念已經飄走了。這其實是很正常的——但就算知道這點，也無法讓人不感到怪怪的。你就像是不停地失神，然後短暫地回神，又一次再一次地失神。我們似乎都染上復發頻繁的健忘症。

在九個階段的第二階，「連續的專注力」之中，你的注意力偶爾可以出現連續的情況，但多數時候，你的心裏仍然充斥著游移的念頭及官能感覺帶來的分心。別被這一階段的名稱所誤導了，連續的專注力並不意味著你可以長時間維持連續的專注，而是，你可以在有些時候，讓自己把注意力維持在目標物上一段時間，沒有完全忘了它。可是，不時的，你仍會跳回粗亢奮的狀態，完全忘了本來想專注的目標。當你能夠偶爾將注意力維持在身體感覺上約一分鐘，你便達成了第二階段的目標。

藉著「思考的力量」，我們可以完成第二階段。此階段的挑戰，在於維持對於目標的興趣，對此，你可以藉著在兩節練習之間，想想指引的內容而做到。如果你是個經驗豐富的靜坐者，大概已經發覺，來自內心、對於練習所發出的不自主評論，會造成一些妨礙。甚至，在進行之中出現的一些想法，如：「現在是吸氣……現在是呼氣……」也會造成干擾。不過，內心的自我評論也可能有幫助，尤其在奢摩他修行的前兩個階段——因爲既然你想的是練習本身，至少表示你沒在想別的事情！

用思考的力量來幫助分神、游移的心平靜下來。另外還有方法，就是數算你的呼吸次數。這就像剛學腳踏車，使用兩側小輪輔助一般。在心裏數算呼吸次數的練習本身，便包含某種思考，它讓習於形成觀念的心，得以變得簡單一點。你讓自己的思考降低到只是數算呼吸的次數，便不會在靜坐時想到許多事。但相當重要的，當你努力維持連續的專注時，可別忘了早先所擁有的放鬆感。注意力的穩定，應該要來自能夠放鬆的心，可別反讓心緊張。好，讓我們來進行一段專注於呼吸的練習，這對於強化專注力穩定特別有幫助。

練習：專注於呼吸，維持穩定

正如先前做過的，這節一開始，先安放你的身體於休息狀態，並充滿這三種特質：放鬆、靜止，及警醒。讓你的意識涵蓋到全身的觸感，然後進行三次緩慢的深呼吸，並注意呼吸注入身體的感覺，由你的腹部漸次及於胸部。之後，讓呼吸回到自然的節奏，並保持注意地呼吸幾分鐘，但要儘量不花力氣地呼吸。

這樣的準備，讓你有了放鬆的基礎。不要忘了這個輕鬆感。現在，把重點移到培養注意力的穩定性上。這個能力讓你的專注能持續，不致因爲分心的念頭及官能感覺，而變得支離破碎或脫軌。以此爲目標，就不用再注意全身上下與呼吸相關的各種感覺，而只專注於每次吸氣及呼氣的腹部漲縮即可。如你以前所做的一般，注意每個吸氣及呼氣的長短，以及兩次呼吸之間停頓的長短。

因爲習慣的作用，不經意的念頭必定會如同瀑布，在你的腦海中傾瀉而出。要想避免出現連續不斷的念頭有方法，就是數算呼吸的次數。現在就來試試看，在你第一次開始吸氣時數「一」，而在剩下的吸氣及整個呼氣過程中，專注於呼吸的感覺上；在下一次開始呼吸時數「二」，然後繼續這樣做下去，只要你覺得這麼做有幫助。這些心裏的計數要簡短，別讓你對計數的注意，蓋過了你對呼吸本身的覺知。計數呼吸次數的目的，是在練習當中加入簡短的提醒，讓你記得去記得，你便不至於被分心的念頭帶走。注意這些呼吸中規律出現的內心信號，就好像注意鄉間道路旁的里程碑，它們的出現表示你還在正確的路上，它們若不見了，表示你已經漫遊到別處了。

在此練習當中，主要關心的是「專注於呼吸」，而非「計數」。要維持恰恰足夠的專注長度來保持計數是相當容易的，但在兩次計數之間，心思便自行走開了，就像是沒有皮帶栓著的小狗。讓計數的動作提醒你，繼續將注意力放在呼吸的觸感上，而這些感覺隨時都在改變。在吸氣開始時的計數之後，讓你的心儘量保持安靜、沒有念頭，直到吸氣完成。而在呼氣過程中，釋放那些突然出現的、不自主的念頭。如同前面曾提過的，在吸氣時，引發你的注意力（來對治散漫），而在每次呼氣時，放鬆你的注意力（來對治亢奮）。但不要放鬆太過而腦筋一片空白、或變得遲緩。以此方式，你用每個完整的呼吸，來改正注意力的兩項主要缺失。

靜坐可以讓專注與放鬆獲致平衡。要想熟練這項技巧，你需在看到自己已經分心時，逆轉那種想要更努力嘗試、或更嚴格要求的自然反應。只要你看到自己的心念已經游移開了，便釋放那份緊抓著分心念頭或身體感官的努力，回歸到呼吸上，並且更進一步的放鬆。要記住的是，這個專注力訓練的重點，不在於阻止念頭出現，而是首先能放鬆身和心，接著對於你所選擇的對象，能培養持續專注的穩定度。念頭終究會出現，你只要儘量不被這些念頭帶走就好。

此時所培養出來的意識，稱爲「單純的專注力」（bare attention），這時的心智在每一刻，完全專注於感官所給的印象上，而非被套牢於那些刺激所帶來的概念及情緒的反應裏。當你注意呼吸所伴隨的腹部感覺時，基於視覺記憶而來的身體心象，很可能會跟著身體感官一起出現。辨認出此二者的區別：用單純的專注力而出現的呼吸觸感，相對於你所認爲自己身體樣子而出現的心象（這些是由你的概念性心智疊放上來的）。一旦發現了這類心象出現時，放掉它們，然後將注意力完全引導至呼吸當下的觸感經驗上。

繼續練習直到一節二十四分鐘結束，也試著改變數算次數的時機。有時候只在一節練習剛開始的時候，試著數算呼吸次數；有時候，在整節練習中都數算；還有些時候，只有當心念被概念化活動套牢時，才數算你的呼吸。

回想剛剛的練習

在第一階段練習開始時，我們主要強調的是放鬆。一般來說，我們若愈能放鬆，我們的注意力會變得愈穩定。但放鬆必須和警醒相互平衡，否則只會造成散漫、疏懶，或做起天馬行空的白日夢。只要我們建立了放鬆所需的基礎，我們便可以把重心移到注意力的穩定上。

將我們的注意力下移到與呼吸相關的腹部感覺上，正是一種培養專注穩定度的方式。專注於整個身體對於放鬆心神很有幫助，這項在緬甸的南傳佛教傳承中很常見的專注在腹部的技巧，對於穩定心神特別有幫助。

包括禪宗、南傳佛教等在內的許多佛教門派，都鼓勵以計數呼吸次數的練習，作爲穩定注意力的工具，這項建議也可以在印度的大乘傳承中找到。南傳佛教傳承的基礎是佛陀的教導，這些教導最初是使用巴利語記載的，其重心在臻於個人自身的解脫，或稱爲涅槃。大乘佛教傳承的基礎，同樣是佛陀的教導，記載所使用的語言則是梵文，而它的重心在於爲了眾生而成佛。舉例說，有一段大乘經文說：「你該如何使用專注力來正確地注意呼吸之中進來又出去的動作？你要正確地數算它們的次數。」當代一位斯里蘭卡的學者，承襲經典《清淨道論》（*The Path of Purification*）的論述，建議隨著每一次完整的呼吸一數，由一數到十。他還說，當你熟悉以後，可以進一步練習這項更高級的技巧：

只要靜坐者覺得合適，他可以選擇以吸氣或者呼氣作爲開始點，然後開始數「一」，並且重複地數，直到下次呼吸，如「一、一」，「二、二」，一直到「十、十」，作爲連續出現的呼吸的註記。以此法數算呼吸，吸氣及呼氣便顯得清楚明白。

無著則建議另一種技巧：

注意著你的吸氣及呼氣，當吸進氣時，數「一」。當吸氣已經停止，而呼氣也已經結束時，數「二」。如此數到十。數算的數字不可太小或太大。這個方法稱爲個別的數算。

佛使，這位二十世紀的泰國導師，把anapanasati譯爲「專注於呼吸」，儘管它通常是被譯爲「全心全意跟著呼吸」。因爲在這個練習當中，我們所注意的對象是觸感，而且我們的注意力是跟隨著呼吸的。當呼吸影響到腹部的感覺時，請試著不要因此忘了呼吸的來去過程。讓你的心智保持開放而放鬆，不要去拘束它。

儘管相對而言，你的練習時間相當短，坐墊可能也還算舒適，但你或許會對於身體感到如此不適而覺得驚訝。這是很正常的，不要因此就感到氣餒。你可以把不自主的念頭以及身體的緊張，看成是內在身心不平衡的指標，並且試著從中學習。你所經驗到的身心不安定感，並不是眞正的問題，它將你整個精神生理系統失調的程度表面化了。讓這些症候提醒你：放鬆你的心，並把呼吸帶到身體緊張的部位。

覺知的生活方式

你是否曾經開車上高速公路，跑了好幾公里卻一點也不記得經過哪些地方，或其間曾經發生的任何事情？或者，你是否曾經和某人談話，卻突然發覺你絲毫不知道過去兩分鐘當中你們在說些什麼？這兩個常見的例子，或許是一種「認知缺陷症」（cognitive deficit disorder）的症候。當我們屈服於此種心理失衡狀態時，我們的心智似乎還在卻又缺席，而我們往往要在事後，才發覺自己失神了。我們愈是習於失神，便愈容易失神，沒有比這個更好消磨時間的方法了。日子就這樣過去，我們卻沒察覺。精神醫院會照顧那些因失神而失能的個案，然而，認知缺陷的病症在整個社會之中是相當常見的，而這些病症讓我們或多或少都失能了。

讓我們來看看另外一種認知的失衡。你是否曾經看過實際上不存在的東西，或是聽過別人說話，而那人卻不曾眞的開口？這些都是「認知過動症」（cognitive hyperactivity disorder）的例子，患者將事物投射於眞實世界中，而以爲這些投射是眞實存在的。不只是精神病患者，我們都有這種傾向；不論什麼時候，如果做了類似的錯置，就會帶來問題。我們對於現實的感覺，跟眞正發生在周遭的事情並不一樣，而我們的行爲表現，卻好像這些認知失衡的經驗是眞實的，我們於是和現實發生了衝突。這同時會造成不必要的痛苦。

這兩種認知失衡，都可將靜坐時培養的專注技巧應用在日常生活中，而得以治癒。事實上，如果我們不在乎地讓自己的心智，屈服於一天中不時出現的亢奮及散漫，那麼，想要我們在二十四分鐘一節的正式訓練能產生效果，將是很困難的。這就好像早餐吃得很豐盛，卻在一天之中其餘的時間，只吃垃圾食物一樣的道理。

不論我們有多忙，或認爲自己很忙，沒有人付給我們的錢可以多到要求，在一天之中的每個時刻都佔據我們的心思。就算在工作之中，我們仍可以現在騰出十五秒，待會兒六十秒，藉著安靜地專注在呼吸上來平衡我們的注意力。我們的眼睛可以打開，安靜地坐一會兒，不必讓自己注意任何事。我們可以在工作場所這麼做，也可以在雜貨商店排隊時，或是在等紅燈的時候這麼做。從早上起床，一直到晚上入睡之間，我們可以在許多短暫的時光之中，零星地練習專注於呼吸，來「緩和」我們的日子。我們每次這麼做之後，或許馬上便可以感受到身體及心靈所得到的撫慰。如此一來，我們便可以開始將自己在靜坐中培養出來的意識特質，帶到處理每天俗務的意識之中。

藉著專注於呼吸時的感覺，讓我們培養出單純的專注力；我們可以把它應用在不同的官感上。下次當你用餐時，試試看，將你的單純的專注力，集中在你眼前餐點的五種官感上。讓你的視覺、嗅覺、味覺、聽覺以及觸覺，都能藉著單純的專注力個別地去感受食物，同時也要儘量避免讓概念性想法覆蓋這些感受。

首先，將你的注意力集中在食物的外觀上，注意它的顏色和形狀。對於這些視覺影像，你可能會產生一些概念上的連結，你必須放掉它們。對於食物本身的喜好或審美，也必須放掉。你的好惡不要出現在食物本身，也同樣不要出現在它的顏色及形狀上。僅僅以你單純的專注力，來注意餐點的顏色及形狀。

接著，閉上眼睛一會兒，將注意力放在食物的味道上。對於那些香味要完全投入，要注意到它們如何隨著時間而改變。要能將這些香味的細微差別分辨出來，但不要把各種標籤及概念、或好惡混在你的當下經驗之中。再來，吃上一口食物，眼睛仍保持閉著，將你單純的專注力引導到口中出現的味道上。慢慢吃，要注意那些味道如何變化。當你咀嚼時，請注意發出的聲音。它們在每刻每秒都不一樣，請你乘坐當下的浪頭，不要抓住任何過往的東西，也不要對未來的東西做任何期待。最後，將單純的專注力引導到食物的觸感上，它是溫暖抑或冰涼、硬實還是流動、平滑或者粗糙。把你對於食物的心象拋開，只注意食物在咀嚼及吞嚥時的觸感。

是不是很有趣啊？通常在用餐時，特別是當我們同時進行別的活動，如聊天時，會造成概念上的重疊，而讓我們對於所吃食物官感上的特質，變得較模糊或被稀釋掉。我們只會記得，對那頓餐是喜歡、不喜歡，或沒有感覺，至於若要說到正在享受的食物給我們的五種官感印象，我們通常都有認知上的缺陷。正如一頓飯可以不經意地吃完，我們生命當中其它部分也可能如此。令人扼腕的是，我們常常錯失了正在發生的事、想像一些從來不曾發生的事，回憶起來，也都是些我們投射於現實上的假想、期望，或者幻想的事。

我們可以把這種單純的專注力，應用在任何時候，讓我們從官能的感覺園地之中，隨時摘取這世上的「新鮮作物」，而不要把我們舊有、習慣上的概念，包裹在原始的體驗之上。但，要分辨出每時每刻現實所呈現在我們感官之前的，以及我們通常在無意識狀態下加諸於這個世界的，並不容易。這正是佛陀說到以下的話時所指稱的意思：「在所見之中只有所見；在所聽之中只有所聽；在所感之中只有所感；在心所視之中只有心視。」

根據佛教的心理學，在任何一刻的意識裏，即使短暫如百萬分之一秒，注意力也只集中在一種官感上。但在這些意識的短暫脈衝之流中，注意力很快的從一種官感跳到另一種——如同吃了安非他命的黑猩猩。在官感之間的變動，有模糊不明之處，心智便藉著套上熟悉的概念來幫助我們理解，讓這個世界「顯得有意義」。如此一來，我們所經驗到的世界，便被架構成我們所熟悉的樣子。這並不是件壞事。事實上，如果沒有這種以概念來加以結構化的功能，我們的日常生活將變得十分艱難。但是，當我們因失神而無法辨認出用概念在現實上添加或減去多少時，便出現問題了。這正是認知過動症及認知缺陷症的問題所在。

如果這個理論是正確的（而認知科學家也已在探索這些議題），那麼在任何當下，眞正的「一心多用」都不存在。在任何時刻，我們的心都只能停留在一件事情上。所以，感覺到同時注意許多事的經驗，其實是個錯覺。眞正發生的事情是，注意力從某個經驗範圍很快地移轉到另一個，再返回。最近的科學研究指出，同時做許多事情，實際上並不很有效率，因爲每件事所分配到的意識品質下降了。這就好比說，我們注意力的數量是有限的，如同流經峽谷的水量也有上限。當我們將它引導到有興趣的小支流之中時，對於每個水道而言，所能分到的注意力也就少了。

集中注意力的練習，基本上是屬於「非多用的」。所要學習的內容是，如何將我們的意識之流引導到我們所希望之處，想維持多久就多久，讓它不至於變得支離破碎而混亂。所以，當你下次必須抉擇，是要專注於單一事物上，或是要切割你的注意力，請考慮你的輕重順序。如果這件事情值得做，也就值得把它做好；如果這件事情不值得做，那就根本不要做。而根據佛教心理學，即使當我們認爲自己在一心多用時，實際上只是讓注意力很快地在工作之間轉移。有時候這是必要的，而當這種時候來臨時，試著儘量專注來從事。

間奏曲 **慈悲**

當你開始體驗到奢摩他修行帶給你內心的平靜、簡單及安詳後，或許也會開始執著於這種心境，而這項執著可能造成你對於周遭的人及整個世界，抱持一種無情而冷漠的態度。因為你有了屬於自己的平靜安寧空間，不想被打擾。靜坐訓練原本是相當值得一試的冒險，如今卻造成自矜自滿的心理而脫離原本該走的路；如今，它變成只是百憂解或煩寧等藥物的替代物。但是這項練習的眞正目的，在於促進心智平衡，進而得到眞正的快樂，而以冷漠對待他人的態度，並不是眞正快樂或心智健康的表徵。

有些人會執著於他們在奢摩他修行當中所體驗到的平靜，而其他人可能會不滿意自己的進程而感到厭倦。這項訓練通常無法提供快速的滿足或立即的結果。它能帶來不凡的心靈健康及康適感，但要得到這些結果需要投入時間及努力。

不將自己迷失在工作或娛樂當中，藉此壓抑這些心智失衡所出現的症狀，我們可以藉著積極練習，來找到問題的根源，並讓我們的心智得以提升。「禪修」這個詞，在現代社會當中，常常有著另外的含意——做點特別的事讓心平靜下來，或試著讓自己的意識狀態得到改變。但禪修的梵文「bhavana」意思卻很單純，就是「培養」。事實上，不論在什麼時候，我們都經由各自使用注意力的不同方式，在培養自己的心智。我們現時的生活品質，便反映出自己到目前爲止是如何培養自己心智的。

在西方世界，最常見的心智平衡障礙，是自我批判、罪惡感，以及低度自尊。在我們練習時，可能會抱持某種程度的期待。而當我們的進步不如預期時，可能會對自己感到不耐煩；如果沒有時間練習時，又覺得有罪惡感——我又搞砸一件事情了！在訓練專注力時，我們是在對抗陳年的老習慣，更不用說世世代代生物演化的結果，它讓我們得以生存及繁衍，卻幾乎無助於獲致平靜的專注。我們的心智會如此破碎而又易於落入各種失衡的狀態，實在沒有什麼可奇怪的。但如果能以溫和的耐心，逐漸地訓練我們的心智，心智會提供我們一種內在的康適感，而不再是持續不斷的焦慮、不滿及不安。這需要我們能對自己及別人慈悲。

首先要做的是，找出我們感到不滿足的眞正原因。幾乎任何事情都可以讓我們不快樂，但眞正的來源始終在我們心中。有些人，即使外在環境十分美好時，都感到絕望和痛苦，但卻有些人，即使面對可怕的逆境，仍感到快樂而滿足。我們感到受苦，是因爲我們的心承受了各式各樣的失衡，使我們在尋找快樂時找錯了地方。但如果能找到眞正困擾我們的原因，以及眞正讓我們感到滿足的事物，我們可以脫離這種「快樂水車」。佛教徒將這種輕重緩急順序上的改變，稱爲引起「發心」，我們以此離開那些令人不滿足的來源，並且取道出發前往眞正的快樂。這是我們所能做的、對自己最慈悲的事情。

即使在某些時候，我們可能感到很孤單或者疏離，但我們沒有人是離群索居的。我們的幸福與周遭的人緊緊相連，特別是那些經常接觸的人。當我們學著慈悲地對待自己、不批判時，很自然地會延伸這種柔軟的心來對待別人。這先是來自於同感，能「感受到」我們所愛的人、同事，甚至陌生人，他們的喜悅及哀愁、成功及失敗。慈悲的種子，便是從這樣的沃土中萌芽的。但同感跟慈悲並不一樣。慈悲並不只是爲別人感到難過而已，慈悲不只是同感。慈悲超越了同感，而有衷心的熱望：「希望你能不再受苦，也脫離成苦之因。我能夠怎樣來幫助你呢？」

禪修慈悲

如前所述，讓你的身體處於休息狀態，並且用專注於呼吸的方法，讓自己的心平靜一陣子。這節練習一開始，先培養對自己的慈悲。爲了能解脫煩惱及不滿，你已經掙扎了多久？自己的心智及行爲有哪些傾向，會重複成爲你的阻礙？這並不是要你自我批判、感到氣餒，但也不要不關心，而是請你再作一次評估。既然我們對於「外在」環境難以控制，我們能做什麼，來讓自己解脫受苦的「內在」原因？請你興起如此熱望：希望我能從煩惱及悲哀的眞正源頭中解脫出來。描繪一幅遠景，讓你的心不再有無意義的渴求，也沒有敵意、困惑。想像一顆平衡的心所擁有的安寧及喜悅，並且與現實緊密和諧地相連。

接下來，把你的注意力，引導到一位在肉體或精神上正受著苦，而與你親近的人身上。「注意力」這個詞，跟「注意」這個動作相關，也有「照顧」和「看顧」的意思。當你把注意力完全放在某人身上時，你等於把自己給了他了。這是你最親密的禮物——用愛及慈悲的心來照顧人。讓這個人進入你的心及心思之中。專注在這個人的經歷上，而如果你知道他悲傷或痛苦的原因，也注意那些原因。想像著，你的注意力已經轉移到他的觀點上，來體驗他的困難之處。然後回到自己的觀點，讓此一熱望興起：「希望你不再受苦，也脫離成苦之因。」想像這個人已找到撫慰，也得到自由，能夠快樂而有意義的生活。

再來想想另一個人，一個希望脫離痛苦，但由於妄念，反而造成自己和他人痛苦的人。再一次，請你想像，用他的觀點來體驗其困難。再回到自己的觀點，由於了解他行爲所造成的結果，祈願他能自深植於其破壞行爲之根的精神痛苦中解脫。興起此一衷心祈願：「希望你清楚看到脫離痛苦之路。」並想像此人不再受苦。

現在，讓意識跨越全世界，專注在那些受苦的人身上，不論是由於飢渴、貧窮、戰爭的苦難，或是由於社會不公義，造成他們心智的失衡及病痛。我們每個人都值得被同情，尤其當我們的行爲起於妄念，而傷害了自己及別人的時候。讓我們的心擁抱這個世界，並帶著這個熱望：「願我們都不再受苦，也脫離成苦之因。願我們都能爲彼此減輕痛苦。」

第三階：再度升起的專注力

當你到達第三階段「再度升起的專注力」時，在每節練習的大多數時間裏，專注力都能安放在禪修對象上了。在此之前，你或許已將每節練習的長度，增加到原來二十四分鐘的兩倍。你可以隨著注意力逐漸穩定，以每次增加三分鐘的方式，來延長每節練習的時間。但不論在何時，都應該重視禪修的品質勝過每節的長度。如果你坐的時間很長，卻讓心念隨處漫遊而不注意或變得遲緩，那麼你不僅是在浪費自己的時間，還養成了壞習慣，而在一段時間以後，會變得愈來愈難改掉。

當你還在第二階段時，雖然也可能體驗到可以連續專注在禪修對象上長達一分鐘，但是多數時候，仍然處於不時分神的狀態。等你到了第三階段，注意力的穩定度增加了，這時，多數時候你都能讓自己鎖住目標。當然，有時候你可能還會完全忘記所選定的對象，但你可以很快就察覺，並把此一連續專注當中的破洞補起來。在你遠遠未達這個階段之前，可能在有些時候，就能在一節練習當中，體驗到似乎多數時間心念都能停留在目標上的情況。但可別被騙了！即使是業餘高爾夫球員，有時也能打出一支博蒂，但並不表示他們已經可以進入職業球界。只有在所有的練習當中，大多數時間都可以將心智集中在目標上，才可說到達第三階段。對多數人而言，這個階段練習的主要問題，仍然是粗亢奮，而我們必須借助專注的力量，來完成這個階段。

從奢摩他訓練一開始，有些人就會比較容易流於散漫，這可能表現在粗、中、細三種程度上。就目前而言，我們主要注意的是粗散漫，這情況發生在當你的注意力大體上已脫離原本對象，而進入一種空白期時。這就像是接收某個無線電台的訊號時，幾乎收不到，甚至連來自其它頻道的干擾也沒有。處於粗散漫的狀態時，可能會感到相當平靜，你的心智相對而言較沒有各種念頭或情緒波動的打擾。但如果你每天都有好幾個鐘頭，處於這種遲鈍的狀態，西藏禪修者認爲，如此狀況不但沒有任何好處，甚至會造成智力的損害。心智的敏銳度開始因廢而退，長期以後，將會造成嚴重傷害。在一九七〇年代早期，一位我所認識的同修，在自行體會之後，覺得禪修的目的就在讓思考停止，於是用了好幾天，很勤奮地將自己投身對此目標的努力中。最後，他達成目標，成爲植物人，甚至無法自行吃飯，而必須住院接受醫療照護。這可說是粗散漫的極端例子！

當你持續修練，如果想在這些注意力發展階段上繼續進步，你需得加強對自身專注品質的警覺能力。覺知的主要力量，被引導到對於禪修對象的「專注」上，而這時也需要「內觀」能力的幫忙，讓你能控制專注的品質，當你的心智已經落入亢奮或散漫時，它能讓你馬上察覺。只要你察覺到任一種失衡，就可以採取必要的步驟來補救。補救亢奮的第一步，是更充分地放鬆自己；而要對治散漫，則先要引發自己的專注。

在前三階段之中，不自主的想法，就好像瀑布一樣不斷流出。但經過一段時間以後，這些強迫性念頭把你帶走的情形會愈來愈罕見。粗亢奮逐漸退去，雖然一些想法及心象仍持續出現，此外還有聲音、氣味，以及其它官感。請不要嘗試把這些讓人分心的東西都擋掉，只要讓它們過去就好，然後便可再次將你的注意力儘量集中在所選定的禪修目標上。

似乎有相當多的人，只需每天進行一節或兩節的靜坐練習，就能完成第二階段的目標。當他們進行更加專注的練習時，會體驗到一些連續的專注，但這些穩定的表現，卻在日間其它活動當中消失無蹤。奢摩他靜坐，即使對於正常而社交活躍的生活方式來說，也相當有幫助，尤其如果能讓它跟其它性靈修練：譬如慈愛及慈悲的培養取得平衡的話，效果就更好了。這就好比要維持一種健康的飲食方式。雖然適當的飲食方式不必然會讓失衡狀況及疾病就此療癒，然而，在維持活力及疾病抵抗力上，它卻是不可或缺的一環。同樣的道理，在社交頻繁的生活方式當中，平衡的靜坐修練，可以增強你的心理免疫系統，讓你較不至於成為各種心理失衡的受害者。

如果你每天練習的時間只有一節或兩節，最多可能只會進步到第二階段。理由很簡單：如果你每天有一小時左右，讓自己的注意力平衡，但在其它十五個小時的清醒時刻當中，卻讓注意力變得片斷而容易分神，那麼在那些短暫練習中所培養出來的專注凝聚力，就會被其餘時間讓人分神的事物給推倒了。想要成就再度升起的專注力這個階段，需要投注更多的時間。這表示，每天需要較多節的靜坐，生活方式要能有助於內在平靜及集中度的培養，讓你可以安靜的進行靜坐。成功的關鍵在於，你要能讓自己在兩節練習之間的生活方式，不至於使你失去那些已經獲致的成果。

練習：專注於呼吸，帶著活力

正如每一次練習，在這節二十四分鐘的練習一開始，先讓你的身體能夠安放在休息狀態，浸潤著三種特質：放鬆、靜止，及警醒。進行三次緩慢的深呼吸，讓氣息進入腹部，然後進入胸腔。讓你的意識達到全身，感受全身上下因呼吸而起的官感。接下來，讓你的呼吸自行流轉，進入自己的自然節奏。

以心智而言，奢摩他練習起初的重點是放鬆，藉著注意全身上下呼吸的官感，便可以促其發生。第二個重點是注意力的穩定度，注意腹部在呼吸時的感覺，有助於此項練習。接著，當放鬆和穩定都有了基礎以後，我們要將重點移到培養注意力的活力上。非常重要的一件事是，不可放棄放鬆來得到穩定，而當活力增加時，也不可犧牲穩定度。這三種特質之間的關係，可以比喻爲樹根、樹幹及樹葉。當你的練習成長之際，放鬆的根也鑽得更深，穩定的幹也愈加茁壯，活力的葉同時往高處伸展。

在這節練習當中，我們將重心移到活力上。你在提高注意力集中度之後，將注意力引導到某個較細微的目標上。你可以把注意力集中於呼吸時鼻孔周邊或上唇上方的觸感，或任何你能感覺到吸、呼氣流的部位。提高注意力的集中度，有助於觸發注意力的活潑度，而把注意力放在細微的目標，則能更加強這一點。在呼吸時注意氣息進出的門戶部位所出現的官感，甚至在呼吸之間也注意。呼吸時在鼻孔及上唇附近所造成的觸感，會不停地出現，因此要儘量將你的注意力維持在那裏。如果說，呼吸變得太細微了，讓你沒辦法感覺到氣息，試著讓你的心智更安靜，更仔細地覺察。當你引發專注的活力後，對於呼吸的感覺，遲早也會再次變得明顯。

在意識的外圍區域，你可能還會注意到全身的其它感覺以及聲音等等。別管它們，也不要試著把它們阻隔，只將你的注意力集中在鼻孔周圍的感覺上就好。

如果你覺得有幫助，也可以計數呼吸次數。引發你的內觀力，讓你可以很快地注意到自己是否過於亢奮或散漫，並且在問題發生時，採取必要的步驟來平衡你的注意力。將一節二十四分鐘的練習繼續做完。

回想剛剛的練習

佛陀用下面的比喻，來形容專注於呼吸練習法：

就像在炎熱季節的最末月，當一股塵土捲起時，出現一朵不合時節的巨大雨雲，驅趕著塵土，並當場摧毀它；注意呼吸而來的專心也是一樣，當開發及培養成熟之際，是平和而尊貴的，讓你如住在天道般，它能驅趕且當場摧毀在任何時候出現的有漏狀態。

這段比喻，講的是平衡的專注力所具有的療癒效果。當意識停留在某個中性對象，譬如說停留在呼吸上時，所有令人分心的念頭便馬上不見，而你的心也變得平和、淨化、快樂。這些特質並非來自於所注意的對象（呼吸），而是處於平衡狀態下的心之本質。以這種方式來療癒心智，跟治療肉體是相類似的。在佛陀的雨雲比喻之中，他暗示，我們的心智就像身體，內在也有療癒自身的力量。藉由很清楚地、對著某個中性目標持續地專注，沒有渴望或是閃避，我們讓心智可以開始自癒。

由於粗亢奮仍然是發展專注力第三階段的最主要問題，你或許會發現，繼續計數呼吸次數仍有幫助。有一些南傳佛教導師，跟隨的是第五世紀的學者佛音的腳步，他們提供了兩種「快數」的方法。第一項技巧是，隨著每次完整的呼吸，從一數到十。第二項技巧，則是隨著每次完整的呼吸，你要數「一、二、三、四、五；一、二、三、四、五、六；一、二、三、四、五、六、七；……八；……九；……十。」無著則是建議倒著數呼吸次數，由十數到一。然後，你可以試著每兩個呼吸數一次，每四個數一次等等，將數算的速度放慢，讓一次數算包含較多次呼吸。不論你選擇如何來數算你的呼吸，當你的注意力穩定下來，不再發生低落的情形，而能連續專注於每次吸氣及呼氣時，你便可以停止數算。那支曾幫助我們的枴杖，已經可以功成身退了。不過，無著曾經這麼說，他認爲數算呼吸次數的各種方法，並不是每個人都適用的。這些方法或許能幫助一些人，來對治他們的散漫及亢奮，但其他人可能會發現，自己可以很有效地集中注意力在呼吸上，而不需要去數算它們。這樣的人，不用去管上述任一種數算技巧。

當你的心平靜下來後，可能會發覺呼吸變得比較微弱，而這會讓你比較感覺不到呼吸。在練習當中，你進步得愈多，呼吸也會變得更加細微。在有些時候，呼吸會變得非常細微，你根本無法感覺到。這時你要試著強化注意力的活力。也就是說，你必須讓自己的注意力更加放在這些感覺上，如此才能在心智上始終與呼吸相連結。這裏有一種生理回饋的過程在運作著。如果你分了心，被套牢在不自主的念頭中，你的呼吸將會變得較「粗」，如此便有了較強烈的感覺，而比較容易察覺。而當你的心再次平靜下來，呼吸以及呼吸的感覺就會變得較細微，並且再次需要你來提高活力。專注於呼吸法，便有此項獨特「生理回饋」的好處。

在靜坐時，各式各樣的官能感覺會出現。有時你會覺得四肢十分沈重或粗厚，有時又覺得身體變大，或是感覺你在漂浮或輕飄飄的。又有時感覺到如搔癢、抖動、熱等，這些都很常見。你或許會經歷到望遠視覺——好像從遠處看自己的身體。特別是當你一天靜坐好幾個鐘頭的時候，你或許會體驗到身體的「氣」（prana），或者說生命能量，在改變以及釋放壓力。當你進行專注於呼吸的練習，這些能量會開始變得均衡，而能自然流動。這個過程需要時間，而當這些能量自行重新分佈時，它們的移動便產生各種官感。不用擔心，也不要小題大作，這些都是練習本身會自然產生的結果。

奢摩他修行造就的是一種不同於一般的專注力。通常而言，當心智放鬆時，注意力會顯得遲滯，而當注意力被帶起來時，也會出現一種緊張的狀態，身與心都被拉緊。但在這項練習當中，你愈是引發注意力，心智也跟著愈放鬆。奢摩他有一種相當「無我」的特質；別種需要高度專心的活動，都相當費力且常是目標導向的，奢摩他卻幾乎不需要做任何事情。只是被動地注意呼吸的感覺，不需要調整它。你的自我幾乎不用主導事情，因爲你讓身體自行呼吸，只在注意力變得散漫或亢奮時，以少量的努力來平衡它。

當你的修行有所進步之後，可增加每節靜坐的長度，並減少每天的節數。「質」永遠比「量」來得重要。

保持不間斷的練習，這是十分重要的。想像一下鑽木取火：如果你只將兩條木柴摩擦一會兒，便休息，再摩擦一會兒，又休息，那麼即使你如此持續好幾年，可能仍無法引出一絲火花。同樣道理，如果你想將九個階段全部完成，一項已通過長時間考驗的做法，就是徹頭徹尾地簡化你的生活，暫時退下、隱居，長期全時間地投入這項修行。要想獲致奢摩他所能給予的無上喜悅，卻不想避開高密度人口地區所帶來的噪音及壅塞，實在很不容易。相反地，遠離社區而身在荒野之中，禪修者較易放鬆自己的心，而達到靜坐時的穩定。

覺知的生活方式

在這個階段，修行的最主要挑戰在於，要採取一種可讓自己培養專注力平衡的生活方式，而不致讓它在兩節練習之間耗損掉。要想完成第三階段，禪修者需要投入，將這項練習當作值得認眞從事的本業，花上好幾天或好幾個禮拜來練習，期間則以禪修的生活方式，待在安寧的環境裏。如果我們每天只練習一節或兩節，同時過著活躍的生活，或許有時候我們會覺得已經達到了第三階段的持續專注力，然而我們會很難在這個階段穩定下來。日間的忙碌具有侵入性，心神會變得破碎，而在靜坐當中所獲得的專注凝聚力，很可能就此不見。

現代世界總是持續地提醒我們，我們是「社會性動物」，對於長時間的獨處，很少提供正面的鼓勵。有許多人甚至認爲，長時間的個人禪修是反社會的，或認爲是一種心智上偏離正軌的人才會有的行爲，不是想要達到卓越心智平衡狀態的人會做的事。對很多人而言，獨處及隱居，讓他們想到無聊、孤單、恐懼和憂鬱。難怪世界各地的刑罰體系，都使用關禁閉來處罰不守規矩的犯人。然而爲什麼大家會覺得，獨處及不活動是這麼有壓力的事情？當周遭缺乏分神的事物時，我們便跟自己的心面對面，而如果心處於嚴重失衡的狀態，我們便會完完全全地體驗到那些精神痛苦的症狀，不再有緩衝的中間地帶，不會分神，也無法逃避。

在今天，大眾通常並不明白獨處的價値，但也始終有人鼓吹、支持簡單的生活方式，讓我們有機會可以獻身於安靜的冥想活動。梭羅如此解釋他避世獨居於華騰湖畔的原因：「我去森林裏住的原因，是希望如此的生活可以讓我只面對生命中最基本的事，想看看我是否能學到生命必要教我的事，而不至於在將死之際，發現我未曾活過。」個人的禪修不會造成心理失衡，而是讓這些失衡不再隱藏不見。可能會出現無聊的時候——尤其是當心智屈服於散漫時；而在亢奮之後，常會出現蠢蠢欲動的情況。藉著堅持、忍耐，你可以超越這些失衡狀態，而開始品嚐到來自平衡心智的美好果實。但這需要你有勇氣來面對自己內心的魔鬼，而且在訓練的過程當中，即使出現了必然發生的巨大情緒變動，也還能堅持下去才行。

準備出發去探險

當我帶領奢摩他研討會的時候，我喜歡把研討會當作是出發去「探險」，而不是「閉關」。「閉關」這個詞，讓人有退縮的感覺，甚至有吃敗仗的意思❶，而這些並不是這項修行的主要精神。另一方面，「探險」這個詞則有冒險、征服和探索的意思。這個詞的拉丁字根，和「解開你自己」有關，意思是從某個被困住的情況中「走出去」。在奢摩他修行中，我們會發覺，自己的心智被亢奮及散漫這兩個習性深深套住。在佛教傳承當中，被這些習性所套牢的心智，據說是不具功能的，而要讓它可以運作，需要由我們平常的活動中走出去，找到獨處時寬廣的感覺，來探索心智的邊陲地帶。

這項探險並不需要盲目的信賴，或是對任何宗教教義或玄學信仰系統的忠誠。在

譯註

❶這是英語本字的其它意思。

過去三千年之中，來自亞洲各不同文化背景的禪修者，懷抱著各種相異的信仰，同樣地追隨奢摩他這條路，直到臻於極致，並發表自己的發現。我們不必因爲他們是權威，便接受他們所說的話，但如果因爲先前對此修行之利益的敘述而感到鼓舞，我們也許可以在這條路上繼續探索，看看我們是否可以獲致和之前的禪修探索者所得到的結果。

在前面等著我們的，是偉大的探險，以及廢墟和死胡同。有時候要走的路很清楚明白，又有些時候，路徑卻似乎全然消失了。依賴那些熟悉這條路的人，我們可以借助他們的經驗而省去不少時間。

在許多印度及西藏佛教的禪修手冊中，都提出了從事長期嚴格訓練的六個先決條件。要讓奢摩他訓練能開花結果，這六點是部分的重要促因及條件。

1. 支持修行的環境

能夠在安全、寧靜而舒適的地點進行修行，是件重要的事，要是能跟一些想法類似的人一起進行就更好了。這個地點必須是很容易取得食物、衣物及其它必需品的地方。理論上來講，要找到這樣的環境似乎簡單，但實際上，可能非常困難，尤其是當你想要讓自己連續好幾個月都投注在練習上時。

這是從我在一九八〇年的自身經驗當中發覺的。那時我搬到印度的一間小木屋裏，準備進行個人的禪修。從外面看，這個地點就好像田園詩中的景色。座落在北印度的一處岩山突上，往南可以俯瞰青翠的康格拉谷地，往北則是如高牆般的喜馬拉雅山。

住在那兒是一件幸福的事，但我也必須對付床鋪上的蟲蟲兵團，每天晚上牠們會入侵我的睡袋，而在日間我坐著禪修時，又會偷偷爬進我的袍子裏，吸我的血。就算我抓到牠們，身爲佛僧的我，也不能殺牠們。每天清晨兩點左右，我就會醒來，皮膚上會出現一條條的紅腫現象，癢得好像被幾百隻蚊子咬過。然後我會收集這些小生物，把牠們放在鋼杯中，牠們便無法逃走，到早晨時我再將晚上的收穫往山那邊丟出去。牠們會再爬上來，爲晚上的入侵做準備。這樣過了兩個月，我才發現有個高的平台，可以把睡袋放在上面，並把平台的四隻腳分別放在裝了水的鐵罐中，這樣便讓牠們無法接近我的睡袋。雖然成功地擊退了床鋪的蟲蟲，我還得對付跳蚤、蚊子、老鼠，以及在雨季開始後，很快便在各處出現的發霉現象。

經過四年禪修，包括兩年在亞洲及兩年在北美洲，我得到的結論是，除非你很有錢，可以直接買下一個地方，來禪修好幾個月或幾年，不然要想找到適合的環境，實在很難。即使如此，現代人如果想要在奢摩他之路上得到長遠的精進，仍必須想辦法創造這樣的地方。

2.&3.少欲知足

這兩項條件的第一項所指的是，對於沒有的東西能減少欲求，而第二項則是，要能滿足於你眞正擁有的。沒有這兩項特質，你的心思永遠不會安放在練習上。你會一直想著你想要卻沒有的東西，還會煩惱你的現狀是不是哪裏不對勁。這並不是說，你必須澆息自己對於快樂的想望，而是必須爲尋求眞正幸福將努力專注在轉化心智的工具上。而要讓這樣的事情發生，你必須看到被財富、奢華、享樂和名聲所驅策的生活是如何的局限。這些情境都只能給你短暫的歡樂，很快地，當催化歡樂的來源停止後，便會消散。心智平衡是通往眞正快樂的門路，而奢靡他就是打開這道門的鎖匙。

佛陀用一頭大象的故事來說明這點。在某個炎熱的夏日，有一隻大象走入一座池塘，想讓自己清涼一下。由於牠的體型龐大，可以在水深的地方立足，並感到愉快。然後來了一隻貓，也想要逃脫日間的熱浪，而跳進這池塘中。但牠不像大象，可以找到地方站立，因此只有兩個選擇：沉到水底或浮在水面。相似的，那些慣於少有欲念並感到滿足的人，可以在獨處當中找到喜悅，而那些還沒找到這種平衡感的人，注定要沉到散漫之中而沮喪，或者浮在亢奮之中而焦慮了。

4.少活動

當你投身於奢靡他訓練時，要儘量減少其它活動，因爲如兩節禪修之間的行爲，消蝕了禪修中所得的專注凝聚力，那麼你將無法得到任何進步。現代生活的快速節奏，及普遍對於忙碌的重視，讓這種轉爲簡單的改變更爲困難。我們的工作就像是鎮靜劑，掩蓋了心中的不安及混亂。而不斷切換於辛苦工作及認眞享樂之間的生活方式，讓我們總是很忙，因此對於人生意義或人類意識的潛能，沒有機會更進一步了解。

5. 道德紀律

要讓心智得以平衡，道德紀律是必要的基礎。道德紀律並不僅是遵守來自外界權威的社會規範或宗教戒律。要能與他人和諧共處，我們必須遵守社會道德，而要能與自然環境和諧共處，我們需要遵守環境倫理。遵守道德與倫理，避免由於我們的言、行，或想法而傷害了他人，如此則可造就社會及環境的欣欣向榮，所有社區皆能融洽地共處，也和自然環境能相安無事。

第三種道德紀律是內心的道德。要促進內在的健康，我們必須修練善待自己身體及心智的方法。這包括了好好照顧身體、健康的飲食方式、選擇適合的運動項目，以及適量地運動。它還包含了，從事的心智行爲能有助心智的平衡，以及能減少令人困擾的心智狀態：如仇恨、貪婪、迷惑、恐懼和忌妒。

道德紀律的召喚，挑戰著我們每個人，我們應仔細檢視自身行爲，注意我們的行動在短期及長期所造成的結果。某項活動雖可帶來立即的享受，如果過了一段時間之後，卻造成不安、衝突及痛苦，這個活動便符合「有漏」[2]這個標籤的含意。另一方面，某個行爲雖在短期造成困難，如果它最終爲我們及他人帶來滿足、和諧及眞正快樂，我們則可將它視爲「無漏」[3]。

環境方面、社會方面，及內心的道德，都要求我們以有助於自身及別人福祉的方式來過活。過一種有道德的生活方式，可支持我們培養心智的平衡，而心智平衡則進一步讓我們能促進自身和他人的福祉。

6.放開強迫性的想法

我們之中有許多人，都讓強迫性的想法支配了自己的心智。這些想法不會在一夜之間就消失，但既然我們在修練奢摩他，很重要的，就要能觀察心智的活動，當心智落入思想的窠臼而加重了混亂時，即加以制止——不論在練習中或兩次練習之間。否則，我們就會像那隻在池塘水面奮力滑水的貓，永遠無法讓自身心智脫離混亂的狀態。

印度哲人阿底峽尊者，如此談到這些先決條件的重要性：

只要奢摩他的先決條件

不夠完整，禪修的穩定
便無法達成——即使你靜坐
辛苦數千年，也枉然

在我們物質化的社會中，即使是那些受到非物質價值吸引的人，也都強烈地傾向於把我們目前的生活方式視爲正常，而把禪修外加上去，用以修正生活，這就好比把繃帶貼在潰爛傷口上。我首次禪修的經驗在一九六〇年代後期，便提供我們一個好例子。我去找某位老師，他給我一段咒語，並且告訴我如何禪修，但在這些指導當中，沒有任何指引告訴我該如何來過下半輩子。

即使在數十載以後的現在，在禪修的相關教導中，通常還是很少提到上述這些條件，或甚至付之闕如。禪修已經被降格爲一種急救程序，只是用以緩解失能的生活方式所帶來的症狀：焦慮、憂鬱、挫折及情緒波動。對於被數不盡的苦難，如渴望、敵

譯註
❷或不完善，即道德上有瑕疵。
❸或完善，即道德上無瑕疵。

意及妄想所圍攻的心智而言，需要的不只是位醫生，而是長期密集的照顧。那便是這項訓練所提供的。

間奏曲 隨喜

當你著手進行長期禪修閉關時，剛開始可能會覺得輕鬆，因為你可以跳脫平日的生活，當中的責任及憂慮也跟著跳脫了。但在這段閉關「蜜月期」結束後，接著便是辛苦的心智訓練。閉關時生活的方式或許便是挑戰。當你人還身處社會時，可藉著埋首工作、享樂、說話，及許多其它忙碌的活動，讓心思很容易便可跳脫心智之外。然而，當生活型態像禪修者這樣簡單不雜亂時，那些外來、讓人分心的事物便不見了，如此一來，在身體及精神上所造成的反應，可能相當劇烈。

我們對讓人舒服的外來刺激容易上癮，但當每天投入好幾個鐘頭進行奢摩他訓練，且兩節訓練間又少有分心事物時，我們便開始會出現退縮、逃避的症狀。心智在無聊及不安之間擺盪，且在某些時候，會變得憂鬱而自我懷疑。在這種時候，我們很容易會讓自己固著於某些想法及回憶上，而強化了晦暗不幸的心態，因此，提振自己脫離這些令人沉淪的情緒，思考那些現實中讓我們感到啓發的面向，也就十分重要。以禪修來培養隨喜，便是這樣的一個練習。

在慈愛及慈悲的練習當中，我們培養的是一種熱望，希望別人能夠找到快樂以及成就快樂的因素，並且能夠脫離痛苦及其成因。要讓自己能培養出基於同感而喜悅的能力，則需要我們密切地專注那些已經存在的事：自己及別人的喜悅、成功和德行。同感，就是「能和別人一起感受」，而在此練習中，我們要專心的對象，不是別人的哀傷及困難，而是他們的快樂及成功。這項練習在密集、連續的禪修中，或在日常生活中所可能出現的憂鬱、焦慮和絕望，正是對症下藥。

禪修隨喜

找個舒服的姿勢，但脊椎保持挺直。讓你的身體休息，並充滿這三種特質：放鬆、靜止，和警醒。回想一位你所熟識的人，這個人全身上下散發著喜悅及幸福感。想想這個人身體的樣子、他說的話、他做的事。當你注意到這個人的喜悅時，打開你的心房來接受這份喜悅，並爲了享受到這份喜悅而高興。如果你和這個人本來就親近，那麼很容易便可做到。

現在再想想另一個人。在最近或以前，有美好的事情曾發生在這個人身上。回想這個人的高興之情，並且分享這份喜悅。

再來將你的注意力轉移到一位曾經由於他的德行，譬如慷慨、仁慈及智慧，而讓你有所啓迪的人。爲了這個人，爲了你自己，也爲了那些德行的受益者，而對這些德行感到高興。

接下來，將覺知轉回你的生活中。對於自己做出的貢獻能感到喜悅，是很重要的事，但也常被忽略。請你專注在自己生命當中，那些對自己、或許也對他人，頗能帶來鼓舞的時期。回想那些你將自己所想像的轉化爲實體的時刻。注意這些貢獻，同時爲你這些貢獻感到喜悅。這並不需要加以誇大，也不用得意或傲慢。當你想到那些讓你可以好好活著，而能享受這些努力所得之甜美果實的人和境遇，你或許還會感覺到深深的感激及喜悅。這讓你不至於落入膚淺的自我陶醉及自以爲是之中。

某些練習是較困難的，但是練習讓自己出於同感而喜悅卻很容易。在這一天當中，只要你看到或是聽到某個人的德行或好運，就用隨喜心來分享他的喜悅吧。這可以振作你的精神，並且幫助你從憂鬱及低度自尊的情緒黑洞中爬出來。

第四階：密切的專注力

在閉關之中持續訓練，你將可成就注意力開發九階段中的第四階段——密切的專注力。到這時，由於注意力已經增強，不會再發生完全忘記選定的對象——呼吸時鼻孔周圍的觸感——的情形。在以前，你也許已經體驗過，如吉光片羽般此種程度的專注穩定性，而如今，確實成就此階段後，它便成爲平常之事。如今每節練習可以持續一小時以上，而在整段時間當中，你的注意力已不至於不自主地整個從對象身上被拉走。你已經脫離了粗亢奮的階段。就好像你的專注力獲得了某種抓地力，不會輕易地就被一陣陣不自主的念頭及讓人分心的官能感覺所拉動。

到此階段，據說你已經得到「正念的力量」（power of mindfulness）了。在印度及西藏的大乘傳承中，正念的定義是，能夠對一項熟悉的事物維持專注力，不會忘記或分心的心智功能。因爲正念讓你對所選對象的專注能保持連續而不游移，它便成爲專一、對焦的注意力之基礎，也稱作三摩地（samadhi）。無著將專注定義爲「心智對於某個熟悉的東西不至於忘懷的狀態，具有讓人不分心的功能。」相類似地，他的弟弟世親定義專注爲：不會丟失心念所想的對象。

近年來，愈來愈多心理學家進行研究，想知道專注以及專注與沮喪、壓力的減少，及許多其它生理上、精神上問題減輕的相關性。然而他們所描述的專注特性，非常不同於上面所說的。根據某一篇以此爲主題的心理學論文所說的，專注是「一種不費力、不作判斷、以『現在』爲中心的覺知，對出現在注意範圍內的每個想法、感受或官能感覺，都加以認知且原原本本地接受。」這篇論文的作者們提出一套專注的模型，由兩部分構成：第一部分是要能自我調節注意力，讓注意力可以始終保持在剛發生的事上；第二部分則是對注意力加以定位，主要特質是好奇、開放及接受。

很清楚的，當代心理學所說的專注，是基於南傳佛教在當代內觀（靜思而得的洞察力）傳承中關於專注的描寫，因此相當有別於印度—西藏佛教的說法。當代內觀的詮釋認爲，專注是無分別的、一刻接著一刻、「沒有修飾的覺知」；而印度—西藏傳承，則將專注描述爲，在腦海中記住注意的東西，不會遺忘、分心或游移的狀態。

德寶法師（Bhante Gunaratana）這位學者暨教師，在其著作《平靜的第一堂課——觀呼吸》（*Mindfulness in Plain English*）當中，對於內觀所認爲的專注，提出了清楚的說明。他說，正念是不具概念的覺知，或「單純的專注力」，不會把經驗加上標籤或加以分類。他說，「正念是當下的覺知……它永遠處於現在……如果你想到二年級時的老師，那是回憶。而當你接著注意到，你正在回想自己的二年級老師時，那便是專注。」

雖然德寶法師的說法代表了現今的整體內觀傳承，奇怪的是，它卻不同於佛陀對於專注〔或稱正念（sati）〕的法教：「而僧眾，正念是什麼能力呢？這裏，僧眾，這位尊貴的弟子他便擁有正念，他具有天賜的完美正念及智力，他記得住東西，他可以回想很久以前曾經說過、做過的事情。」相對於內觀傳承中所堅持的，專注始終處於現在，佛陀卻說專注會回想出很久以前的事情。確實如此，巴利語sati的主要意思「回想」或「記憶」是廣爲人知的，這項概念性的能力，讓我們能喚回過去的事。它除了有「回頭看的記憶」的含意外，sati也意味著「往未來看的記憶」，讓我們記得去做在現在及未來要做的事，而這需要心智進行與概念相關的活動。

《彌蘭王問經》可能是佛教經典當中，最早嘗試完整解釋正念的一部。當彌蘭王問到正念有哪些特性時，那先比丘回答，它具有「喚回」及「抓住」兩種特質。他進一步解釋道：

> 正念起時，將無漏暨有漏之傾向、有所誤及無誤的、低下及高尚的、暗色及潔白的……各自的對立面，一起喚回心中。正念起時，會跟隨有益處及無益處的傾向所走之路徑：這些是有益處的傾向，這些則無益處；這些是有幫助的傾向，這些則沒有幫助。

因此，不但沒有不加斷定的態度，也沒有不將經驗貼上標籤或加以分類，在最早的、也是最權威性的法教當中，反而說正念可以分辨無漏及有漏、有益及無益等傾向。古早的及現在的講法差別之大，令人震驚。

佛音以他一向的謹愼仔細，這位最具權威的南傳佛教評論家寫道：

〔正念的〕特質是不浮動；它的本質是不失；它表現出來的是守護或直接面對某物的狀態；它的基礎是強烈的註記，或密切應用身體的專注等。它應該被視爲一種崗位，除了因爲它被安置在事物件的狀態，也因爲它像看門的人，守護著眼睛的大門等等。

當代對於正念的描述及修行方式當然有其價值，因爲數以千計的人，已透過練習而在自己身上得到發現。儘管如此，仍然無法將這件事實逕行抹去：當代對正念的理解與佛陀自身的法教頗有差距，也有別於那些南傳佛教傳承及印度大乘傳承最權威性的評論家的意見。

在奢摩他的修行中我們「培養」專注，在內觀禪的修行裏，則是「應用」專注。對於這點，在佛陀對內觀禪的修行之所有法教最基礎的部分裏，也就是他對於正念之四種應用的講解，有明白地說明。在多項內觀修行中，敏銳的專注被引導至身體、感覺、心智狀態和過程，以及總體現象上。在此，佛陀帶領著弟子，對於來源、現在、因果的效力，及這些經驗範圍的個別分解做仔細探討。這構成一門研究心智及其與身體和環境關係之嚴謹的禪修科學，而在這學門之中，不僅僅只有單純的專注力而已，只要看看佛音在這主題上權威性的評論，便可十分清楚。

如前所述，在第四階段的奢摩他練習當中，你會獲致正念的力量，而練習本身也得到應有的效果了。雖說你的注意力不再容易落入粗亢奮，它仍有中等程度的亢奮及粗散漫的毛病。

當發生中亢奮時，你並不會完全忘了所注意的對象，不過非自主的念頭佔據了注意力的中心，而禪修的對象被擺到旁邊去了。我們再次以調整收音機電台頻率的比方，將此情形與粗亢奮做比較。粗亢奮就如同完全連不上你所選的電台，你的調頻器不是滑到另一個電台之中，就是只收到雜音。中亢奮則像是有點漂近了另一個電台，但並未完全脫離你原來的電台，你還是多少聽到一些來自你所選的電台的聲音。你還聽得到，不過也被其它噪音蓋掉了些。

完成第四階段會帶來成就感。你會成爲老經驗的奢摩他修行人，不再是初學者了。如果你對整條奢摩他之路尚未取得完整的概念，你或許會認爲已經達到它的極致。這容易造成你對自身禪修練習感到某種程度的自滿，並進而帶來危險。

練習：將專注力轉移到「取得信號」上

將你的身體及呼吸調整到自然狀態，然後，把注意力集中在呼吸時出現於鼻孔周圍的單純感覺。到了這個階段，您的呼吸已經很平靜，而呼吸本身的觸感也相對地變得相當微弱。這些觸感甚至會微弱到幾乎感覺不出來。當發生這種情況時，很重要的是，不要認爲感覺已經不見了，也不要刻意地更用力呼吸，來讓自己再次感覺到。而是更密切地去注意觀察，一直到你可以偵測到呼吸極爲微弱的感覺爲止。

就像前面討論過的，這是以呼吸作爲禪修對象時會出現的獨有特質。在其它開發奢摩他的方法當中，注意的對象一定會隨著你在練習中精進，而愈來愈容易感覺到。但是觀呼吸法這個技巧，會在你練習更深入時，讓你的呼吸愈來愈微弱，這等於在挑戰你，必須引發更大的專注活力。因此，面對這項挑戰，你也同時可以培養出更深度的放鬆感、更強大的穩定性，以及更明亮的活力。

呼吸代表了「風」這個元素的輕盈及移動，讓你的呼吸將這個治療、平衡、安撫的過程，帶到愈來愈深沈的境地。慣常出現的心象會不請自來，重疊在你的官感印象之上，這也包括了觸感。在這項練習當中，你就像是位化學家，要將不純粹的重疊心象，從純粹的呼吸觸感之中剔除。當重疊心象被釋放了以後，身體上對於肉體界限的清楚感覺漸漸地消退，你也進入了愈來愈深度的平靜之中。

在截至目前爲止的專注於呼吸法練習之中，你已經以許多方式來注意呼吸的觸感。但是，要在奢摩他之路上繼續，直到完成，你終究必須把注意力從呼吸的觸感轉移到某個「取得信號」（acquired sign；巴利語：uggaha-nimitta）上，即當你在奢摩他修行中持續前進，而出現在你心智之眼前方、代表風元素的某個符號。對於不同的人，與呼吸練習相關聯的信號，也就分別可能看起來像：一顆星星、一串寶石或珍珠、一個花圈、一陣煙、一面蜘蛛網、一朵雲、一朵蓮花、一個輪子，或者月亮或太陽。取得信號所呈現的各種面貌，和各個禪修者的心智特質有關。如果你希望繼續以專注於呼吸法來進行練習——現在很明顯的轉變成『隨著』呼吸注意」法了——只要出現了這樣的信號，你就將注意力轉移到這個信號上。在帶領我們走向奢摩他的九個階段中其餘階段裏，這信號將是你專注的對象。

起初，你的信號只會偶爾出現，所以如果它不見了，就請回到先前對呼吸官感的注意。不過遲早它會愈來愈常態而穩定地出現，而從那時起，可以增加練習長度，然而同時，你必須維持不至太過散漫或亢奮的專注品質。

回想剛剛的練習

佛音在經典之作《清淨道論》中，對較高階奢摩他修行裏包含取得信號的專注呼吸法，提供了最具權威的陳述。佛音把某些種類的觸感也包含在與呼吸練習相關的取得信號之中，但是印度—西藏大乘傳承卻強調，往奢摩他之路的較高階段，只能經由專注在某個心中的對象上來完成，而不能經由官感上的印象。造成上述差別的原因是，奢摩他開發也需要培養非常高度的專注活力。如果專注以任何官感作爲對象，毫無疑問你仍可發展穩定性，卻會無法提昇活力至實現全部潛能的程度。因此，必須採用心中的對象。在佛教傳承中常常指出這點：需以心的覺知，而非官感的覺知，才可臻於奢摩他。

修行專注於呼吸法，在以巴利語寫下的佛陀法教中可找到根源，而這些法教也得到後世南傳佛教學者及禪修者的註解；大乘傳承中佛陀的法教，也強調以此法發展出專注力的平衡。例如，在《般若經萬頌》（*The Perfection of Wisdom Sutra in Ten Thousand Stanzas*）當中，佛陀以陶匠使用轉輪的比喻，向他的弟子舍利弗說明專注於呼吸法。

> 舍利弗，我們拿陶匠或陶匠的徒弟轉動陶匠的輪子，來作比方吧：如果他轉得長些，他知道那是長的；如果他轉得短些，他知道那是短的。舍利弗，同樣地，一位菩薩——聖者——會專注地吸氣，也會專注地呼氣。如果吸氣長，他知道吸氣長；如果呼氣長，他知道呼氣長。如果吸氣短，他知道吸氣短；如果呼氣短，他知道呼氣短。舍利弗，因此，一位菩薩——聖者——由於他活著便

內觀，便專注，藉著無客體化而消除了貪和對這世界的欲求不滿，且他活著，便從心裏把身體當身體來看。

這是一段精采豐富的經文，值得細細評註，不過目前我只提出兩項說明。「內觀」指的是，具有注意人的身體及心智狀況功能的心智能力。我們以此能力，在心智屈服於散漫或亢奮時能注意到，且在察覺時，採取必要步驟來克服這些失衡。專注與內觀相存相依，正如上面經文所述，同時也可在數不完的其它佛教禪修論述中找到。雖然，當代內觀傳承強調，在專注的練習當中，我們必須接受自己的過錯，而不要嘗試改變這些過錯，但這個建議，卻與佛陀的法教，及前人、大師們的文章所說的，有一段距離。如果你在注意力偏向散漫或亢奮時不加以平衡，只會強化這些失衡，而你的專注品質也會繼續停留於有問題的狀態，無法確定何時才能恢復。

「無客體化」（nonobjectification）這個詞，在這段經文中所指的是，不再執著於外在的事物，把它們當作我們喜悅與憂傷的來源。反而，我們看到了這些感覺是由自己心中升起的，而這項洞察，治癒了貪與欲求不滿而生失望的心病。

我所認識的一些西藏佛教徒當中，有些人嘗試以專注於一個刻意產生或視覺化的心象，而不是取得信號來獲致奢摩他（後者是當修行人充分專心在禪修的對象上時自發出現的）。當我第一次修練奢摩他時，也曾經嘗試過。我們之中許多人，不論亞洲人或西方人，都發現用來產生及維持此種心象的努力，會讓人筋疲力盡。如果只是在較短的時間裏練習在刻意觀想的影像上專心，或許還不覺得勉強，但如果每天好幾個鐘頭，日復一日，週復一週，這會耗盡你的精力，並且造成過度的壓力及緊張。這或許就是爲何佛陀聲稱，那些特別容易過度概念化的人，應該練習專注於呼吸來修練奢摩他。不同於許多其它技巧，專注於呼吸法安撫了身與心，而不致因爲必須維持努力，而造成身心的束縛。雖說取得信號的心象，終究會在專注於呼吸練習中出現，但只會自發地出現，所以，不會由於刻意觀想而造成緊張。

覺知的生活方式

心理學家的研究已經發現，要取得熟練的多種高階技能，一般而言需要五千到一萬個鐘頭的訓練，並需保持在一年之中，每天花八個鐘頭達五十週之久的規律。這大約便是想精進並成就奢摩他這條路，所必要投入的程度。要能在一天當中都維持高度的專注及內觀，是極重要的，即使在正式禪修練習之間也一樣。

根據佛教心理學，當我們用六個官能（視覺、聽覺、嗅覺、味覺、觸覺及心的感知）其中任一種，感測出某種情況時，在心智尚未投射概念及在剛剛的經驗上貼標籤以前，有一段很短暫的時間。要在觀念、分類及情緒反應覆蓋這純然覺察之前，辨識出這短短的幾分之一秒，需要高度的專注活力。這短暫的一瞬間相當重要，因爲它讓我們有機會可清楚知道現象的本質，其中包括了一細微的意識連續，由此浮現出所有形式的官能感知及概念化過程。

有一門傑出的佛教心理學派曾說過，每秒鐘大約有六百次如脈搏般的認知刹那，這項看法與現代心理學大致符合。這些認知的脈動是連續發生的，很像電影膠捲的一格格畫面。經過仔細檢視，我們發現自身的經驗其實是每個時刻都在改變的。變動，是我們所面對的基本情況，而且是由身體、心智、環境及覺知本身所共同決定。

雖說我們大約每秒有六百次的機會，來理解現實的某層面，佛教禪修者及現代心理學家都同意，我們理解事物的速度通常遠低於這個數字。在佛教界，那些不特別進行任何事情的認知時刻，被稱爲未探察的覺知。在心智中出現的事物，如果我們沒有把它們記下來，以後也就想不起來曾經看過。例如，當我們注意地傾聽音樂，別的官感印象，比如外頭的聲音、形狀、顏色及身體官感，雖也同時呈現於我們的覺知之前，但我們只注意到其中很少的一部分。注意力是很具有選擇性的。

專注穩定度所測定的，是覺知中有多少已探察刹那（ascertained impulses）被集中於我們的對象上。例如，如果我們在每秒中有五十個已探察認知刹那，而這五十個全都集中於呼吸的觸感上，這便顯示了相當高的穩定度。至於分神的心智，則在這五十個已探察刹那中，會有較高比例分散在各個感知領域中。穩定度可說是對於選定目標的黏著力。當我們放鬆、注意力穩定下來時，如果活力也增加了，我們可能會體驗到較高「密度」的已探察覺知剎那。舉例來說，我們專注於選定對象的已探察剎那數，可能會由五十次提升到一百次。

在入眠前的意識狀態之中，也就是這是當我們要睡著時的深度放鬆狀態，我們的心念中不再有肉體的官感，可能有著高度的活力。在此過渡意識階段及一些夢境當中，之所以會擁有超高的活力，我懷疑有一部份原因可能是，此時心智放鬆而且脫離了官感，因此少有來自其它刺激源的競爭。但夢通常並不穩定，而正常情形下，我們也很少能控制它們。這便是爲何奢摩他訓練的程序，是由放鬆開始，進而穩定注意力，最後在維持著放鬆及穩定之中，漸漸增加活力的緣故。

許多禪修者會加強練習中的活力部分，因爲他們知道這會帶來某種「亢奮」的感覺。但要獲致長久的活力，有兩項先決條件：放鬆及穩定。如果你想發展出高度的活力，先要能放鬆，再發展穩定度，最後才提升活力。在專注力的底層，必須有平靜爲基礎；如沒有平靜，注意力及情緒上很可能會不時地出現強烈震盪。面對人生浮沉之際，猶能泰然自若，正是代表在性靈上相當精進的一項概略指標，而「平心靜氣」便是開啓此一特質的鎖匙。

間奏曲 平心靜氣

培養平心靜氣，可以為心智的兩種主要病苦解套：執著及嫌惡。所謂執著，也包括牢牢抓住奢靡他帶來的安詳；至於會出現嫌惡的心態，也可能是你將所有讓你從練習分心的事物及他人，都當成阻礙你謀求幸福的討厭對象。平心靜氣的本質是不偏不倚。正是由於平心靜氣，才能讓慈愛、慈悲及隨喜得以無止境地伸展。通常這些特質跟執著是混在一塊的，但當我們了解到，每個有情眾生在尋樂離苦上是同樣平等的，我們便跳脫了執著的心病。

以佛教的觀點來看，把自己看作是個不變、單一而獨立的「我」，正是痛苦的根源。如果抓住這個虛幻、獨立的自我，會將自身福祉看得重於他人的福祉。通常，我們像住在一組情感的同心圓裏，自己位於中心。從中心出去第一個圓，包含有我們最親愛的人及朋友，下一個圓，則是與我們友好的相識之人。再出去一些是一大圈的、我們可能不太關心的對象。最外圈則是我們視為敵人的人：那些我們相信阻礙了、或可能會阻礙我們追求快樂的人。我們對別人感情順序的這種安排，讓自我中心的情況永遠存在。平心靜氣可以克服這種自我中心，及其造成對他人的執著及厭惡。

日常生活中發生的事，有時可讓我們一窺平心靜氣的面貌。我的生活之中，便發生過這麼一件事。當我任教於聖塔芭芭拉加州大學時，有一次受邀在畢業典禮中演講。這個另類的典禮是由一九六〇年代開始的傳統，那時有一小群學生安排了一次反傳統的畢業典禮，典禮中每位學生在領取證書之前，都要被一位友人或父母、兄弟、姊妹大大誇獎一番。典禮進行時，你便聽到關於每個人的事，他們是怎麼樣一位最棒的女兒、最好的衝浪哥兒們、最投入的激進份子、最會鼓舞人的朋友或最被珍惜的情人。看到每個人在別人心中造成的印象，我了解到，這些將畢業的學生，於我雖是陌生人，卻只因爲是情況使然。只要情況有些許不同，每個人都可能是我親近的人。而這點也同樣適用於世界上每一個人。只要有些不同，每個看來陌生的人——他們都有自己的希望、恐懼及熱望——都可以是親近的朋友。

當我第一次搬到坐落於達蘭薩拉鄰近高山上的一間禪修小屋時，就去拜訪一位西藏隱士甘・蔣帕・汪度。在一九五九年春天，也就是西藏反抗共產黨入侵的起義之後不久，蔣帕・汪度逃離他的故土，到印度展開新生活，成爲一名瑜伽士。我第一次造訪他的隱居處所那天，讓我留下深刻的印象。他當時的閉關並不嚴格，因此我知道如果中午的時候來，並不會造成干擾。我敲了他的門，一個看來有點像「星際大戰」電影中尤達的小個子男人打開了門，臉上是大而溫暖的笑容，就好像看到長久以來失去聯絡的兒子終於回家了。他洋溢著一種快樂而仁慈的感覺。他請我進去，給我茶喝。如果是在不同的情境下，我或許會覺得自己是個特殊的人，或以為他特別喜歡我。蔣帕・汪度的慈悲及溫暖都是真誠的，但我也漸漸明白，他的情感是沒有任何我執在裏頭的，我想任何人都會被他以同樣方式來接待。但就算知道這點，他的接待仍然讓人感到窩心。我經驗到一次無條件的愛——不論在任何情況下，這都是能開啓快樂的鑰匙。這也是儘管他們的生活是隔離而艱苦的，隱居的禪修者仍能夠跟別人維持連結的原因。

有所成就的禪修者也擁有相當驚人的耐性，他們絕對不會有「到底好了沒？」的態度。禪修是他們的生活方式，他們每天可能要禪修十二個小時以上……直到他們感到有所啓發。這是他們每天必做的事。他們並不期待成功的降臨，也不會一直盯著月曆希望趕快有結果。西藏的動詞drupa，通常譯作「練習」，也有「完成」的意思。如果被問到「你在做些什麼？」，禪修者可能會回答「我正在練習／完成奢摩他。」練習及成就是同一回事。

我們多數人都有工作及家庭的責任，因此我們身處的情況，很需要將佛陀教導的智慧結合在生活之中，如此我們才能在生命當中同時練習及成就，就像有經驗的禪修者一般。這需要我們對於性靈的修行內涵能有更寬廣的認識。我們不只是在坐墊上靜坐。休息、行走、聽音樂，對於我們的心、身體及頭腦都能帶來好處，而如果懷著利他的動機，生活之中每個時刻都是性靈修行的好時機。

以現代心理學的角度來看，禪修者可以長年的獨居而不致變得憂鬱、冷漠或心智混亂，實在讓人驚訝。禪修者可以做到這一點，是因爲他們可以取得並且維持一種內在平靜之源頭，這個源頭撫慰了身與心，因此，所有的不耐煩或是期待都消失無蹤。讓自己深深處於平靜發光如止水般的覺知之中，一種內在眞實幸福的源頭便會浮現，而消解了所有孤獨感、憂鬱感或不安感。

培養平心靜氣意味著，學習不偏不倚地對待每個人。沒有人是陌生人。三十年前，當甘．蔣帕．汪度打開門看到我時，他那讓人心頭溫暖的笑容及優雅的待客之道，煥發著平心靜氣的光芒。這是我們都可以發掘的一項能力。

禪修平心靜氣

讓你的身體處於基本狀態，並專注在你的呼吸上，一段時間之後，請你想出一位熟識的人，你熟悉他的背景及生活情形，但他既不是朋友也不是敵人。專注在這個人身上。就像你一樣，這個人也爲了能夠快樂及脫離痛苦、恐懼、缺乏安全感而在努力。把焦點放在這個人，並且把你的覺知轉移，以他的眼光來看這個世界。從這個角度回頭看看你自己。儘管這個人可能有一些很明顯的缺點或優點，但他對於快樂的熱望及想要脫離痛苦及悲傷的希望，則和你完全相同。儘管他在重要性上並不算靠近你個人宇宙的中心，但和你摯愛之人相比，他的福祉一樣具有意義。

再來，請想出一位你覺得對你的福祉很重要的人，一位你所愛、所依賴的人。很專注地想著他，並把你的覺知轉移到他的觀點上，讓你看他就好像看自己一般，一樣是人，一樣有短處及優點。由這樣的視角，你便了解，雖然你被某些人所愛，也有許多人對你沒什麼感覺，還可能有些人並不喜歡你。這位你所愛、所依賴的人，也有自己的欲念、希望及恐懼。現在，往後退，由外頭來看這個人。這個人並不是你的快樂、安全感或喜悅的眞正源頭，這個源頭只可能來自你自己的心和腦之中。

再來，請想一位可能想傷害你或剝奪你快樂的人，一位與你有衝突的人。如同前面，想像自己置於他的角度，由內在成爲這個人，並且感受他的希望及恐懼。基本上這個人就像你，也希望找到快樂，脫離痛苦。現在，往後退，由外頭來看這個人，你知道他並不是你的煩惱及焦慮的根源。如果你在和他的關係中感到不安或氣憤，源頭在於自己心中，而非那人身上。

請了解，在那位陌生人、那位所愛的人，或是那位仇人身上，並沒有隱藏著讓這個人會被分在此類中的內在因素。情況會改變，關係也會改變，是境遇的不同造成了想法的不同：「這個是我的敵人」或「那個是我所愛的人」。將你的覺知領域擴大到包含你附近所有的人，他們的希望、恐懼、企圖及熱望。每個人都和其他的人一樣重要。變化的境況讓我們聚首，也讓我們分離。擴展你的覺知範圍，涵蓋整個社區，往每個方向，包含每個人。要知道，每個人基本上都與你相同，而且幾乎每個人都覺得自己是他個人世界的中心。

請你想像，在自身覺知的最深處，有著一輪閃耀的白光在你心中，沒有自我中心的執著及厭惡來加以遮蔽。隨著每次呼氣，讓這道光均勻地向每個方向發散，照到每個人身上，並懷著熱望：「願每個人，也包括我自己，能找到快樂。願每個人，也包括我自己，能脫離痛苦及成苦之因。」想像著如大水般的光，往所有方向照射出去，撫慰了那些有煩惱的人，並帶給每個人療癒、快樂及幸福感。隨著每一次吸氣，也將煩惱、不快樂的肇因及每個有情眾生的痛苦帶進來。把這些想像成一朵烏雲，在你內心之光當中消解，並且想像所有眾生都脫離了痛苦及其肇因。

在你結束這一節之前，休息一陣子，不要想任何東西。安放你的覺知於其本性中，沒有對象、也沒有主體。這樣的平等心智，正是所有性靈修行的沃土與基石。

中階 二 安放你的心

第五階：馴服的專注力
間奏曲：施受法——付出與接受
第六階：平靜的專注力
間奏曲：清晰夢——日間的練習
第七階：全然安詳的專注力
間奏曲：清晰夢——夜間的練習

第五階：馴服的專注力

經由恰當而持續的練習，讓心智可以安住在自然狀態下，最終，你會成就第五個階段：馴服的專注力。到這時，儘管對於練習仍會些許抗拒，你同時也發現可由練習中得到一些滿足。在這條路上你已精進許多，你的努力也得到不少成果了。不請自來的念頭雖仍出現，但它們不再像傾瀉而下的瀑布般地湧出，而像是一條平穩穿過峽谷的河流。

當專注力訓練由第四階段往第五階段前進時，你將要面對整條奢摩他之路的最大挑戰之一。你現在已脫離粗亢奮了，要面對的是另一個問題，這問題一直都隱藏在心智的陰暗角落：粗散漫。前面曾提過，這項專注問題的症狀是，你的專注力屈服於遲緩之中，這讓它會經常脫離禪修的對象。散漫這個詞的藏文含有「下沈」的意思。這就好像專注力不但沒有因爲對象而提升，反離開對象而沈入心智的隱密處。專注力消退了，但不是消退到外頭去，比較像是消退到裏面去，好像踩到溜滑的斜坡，一路滑向遲鈍昏沉，而終致睡著。這種心智狀態相當的平和，不知道的人可能還會把它錯認爲奢摩他之境——奢摩他在字面上的意思就是靜寂、平靜、安詳。眞正的奢摩他境界，不僅讓人擁有遠超過此階段練習所能成就的穩定度，還有在這個階段幾乎都還沒開始開發的卓越活力。

在第五階段，你要面對的挑戰是，在不讓專注力失去穩定的情況下，克服粗散漫。除了仍存在的老問題，中亢奮——不自主的想法佔據了專注的中心，而禪修的對象被排擠到一邊的問題——你現在還有另一項工作，要能辨認出中等程度的散漫，並對治它。當你出現這種程度的散漫時，禪修的目標雖在，但是卻缺乏專注的活力。這毛病跟粗散漫有些微不同，而你只有經由練習才能發現這項差別。

在此最主要的挑戰是，要能克服散漫，卻又不致破壞穩定性。要對治散漫的方法是提升注意力，對禪修的對象產生更大的興趣。西藏的禪修者用琵琶弦做比方。如果弦上得太緊，可能會因張力過大而斷裂，但如果太鬆，又彈不出聲音來。同樣的道理，此時的工作是要決定適當的專注「音高」。如果爲了矯治散漫而過度提升心智，心智便容易失於亢奮，而如果太過放鬆，便可能屈服於散漫。這項平衡的動作相當精細，而面對這個挑戰的唯一方法，是以自身的體驗來決定，用什麼樣的努力程度調整注意力，才是適當的。幾千年來，佛教禪修者就設法要解決這種兩難的情況，而他們的心得是，需有不凡的技巧才能解決。

第三及第四階段的成就需借助專注力，第五階段的成就，則必須依賴「內觀的力量」。內觀力是能監看你的注意力品質的能力，此時你必須要讓這項技巧變得更銳利，如此你才能夠偵測到愈來愈細微的散漫及亢奮。佛陀對於這項內觀的功能是這麼說的：

在此，僧侶應該不斷地檢視他自己的心智，像這樣：「在任何時候，與這五種感官享樂的牽絆相關的任何亢奮，是否曾出現在我心中？」檢視他的心智之後，如果僧侶了解到：「和這五種感官享樂的牽絆相關的亢奮，的確在某些情況下出現在我心中。」那麼他也了解到：「對於這五種感官享樂的牽絆之欲念和渴望，尚未被我棄絕。」以這種方式，他有了如此的內觀。但是，如果檢視他的心智之後，這個僧侶了解到：「和這五種感官享樂的牽絆相關的亢奮，在任何情況下都未曾出現在我心中。」那麼他也了解到：「對於這五種感官享樂的牽絆之欲念和渴望，已經被我所棄絕。」以這種方式，他有了如此的內觀。

佛音對於專注和內觀之間的差別是如此說的：「專注具有記憶的特性，其功能爲不遺忘，所展現出爲守衛保護。內觀則具有不困惑的特性，其功能爲檢查，而所展現的面貌是細細察看。」至於同一時代的無著，他的看法也是驚人的相似：「專注與內觀是由教導而來，前者預防注意力不至於由禪修的對象游移離開，而後者在注意力游移時能夠辨識出來。」寂天對於內觀的定義，則可同時反映上述兩種看法：「簡言之，以下便足以定義內觀：不斷檢視自己的身心狀態。」在佛教文獻當中，奢摩他訓練經常被比喻成訓練一隻野生大象，而最重要的兩個工具，是作爲韁繩的專注以及形同刺棒的內觀。

佛教心理學把內觀分類爲一種智力（prajna：般若）形態，而對於內觀的開發，長久以來一直是佛教徒進行禪修時的一項重要元素。有一項類似的心智能力，通常被稱爲「後設認知」（metacognition），如今當代心理學家也在仔細研討當中。認知科學的研究者已經把後設認知定義爲，人對於自身認知及情感在過程和狀態上的了解，以及有意識地刻意監看及調整這些過程和狀態的能力。這看來是個佛教禪修者及認知科學家之間可以協力研究、內涵豐富的領域。

到了這個階段，前往奢摩他之路也帶領你來到一個重要的岔路上。你可以繼續練習專注於呼吸法，要克服亢奮的話，這個方法是被強烈建議的。有許多的佛教禪修者，鼓勵那些決意成就奢摩他的禪修者，要持續同一個對象的專注練習。但是蓮花生大士（將佛教首次引進西藏具有貢獻的印度大師）則鼓勵使用多種方法來克服成就奢摩他會遇到的各種艱難障礙。這兩種看法各有優點。在練習當中，的確很容易對禪修對象感到無聊或是不滿意，也因此很容易想要找找看，其它更有趣的、可能更有效的技巧。你或許很容易就被一些密傳的、相當隱密的修行方式所吸引，以爲這些方法會比你正在從事的方法更有效。如此亂槍打鳥，從某個禪修對象及方法轉到另一組對象及方法，始終在尋找更「值回票價」的組合，將會妨害你繼續修行奢摩他。不斷地嘗試不同的技巧，會讓你無法在任何一項達到專精的程度。

在你以專注於呼吸法完成第四階段之後，在此我要提供另一選擇，讓你可以採取另一種方式繼續。這個修行方法稱作「安放心智於其自然狀態」❶，這個技巧將使你準備好可進行大手印及大圓滿的修行；此二種禪修的傳承，著重在對意識本質的了解。在南傳佛教的傳承當中，一項可相提並論的修行法，是被稱作「未扣緊的專注」（unfastened mindfulness）之法。

如同專注於呼吸法，安心於自然狀態法很適合那些心智上容易亢奮，及容易在概念上出現混亂的人，而且此法還有另外的優點——可以爲修行者帶來對於心智本質深刻的洞見。敦珠・林巴（Düdjom Lingpa）這位十九世紀末及二十世紀初西藏的大圓滿大師曾說過，這個修行方式可能最適合那些把自己的弦上得很緊，而心智較不穩定的人。當他們逐漸開發出奢摩他時，可能會因爲採用各種觀想技巧，而遇上大麻煩。第一世班禪喇嘛（他是第五世達賴喇嘛的老師）曾經提過這方法，稱它爲「有著美妙技巧的方法，讓初學者可以安定心神。」

譯註

❶以下簡稱「安心於自然狀態」。

你可以用此法來展開奢摩他修行，而且繼續用它，直到成就奢摩他。你不需先練專注於呼吸法。但是，有很多人會覺得這個方法較困難，因爲他們會不斷地被自己的想法帶走。對這些人來說，在這條路上最初四個階段，專注於呼吸法可能是最有效的方法。

有許多人練習禪修是爲了要獲得「改造過的意識狀態」；但是以佛教徒的觀點來看，我們習慣性的想法是被一些譬如渴望、焦慮、緊張及挫折感等等失衡狀態影響而來的，這樣的心智狀態已經是被改造過的意識狀態了。安心於自然狀態的練習，是要讓我們從這些意識的習慣性混亂當中解脫出來，讓我們的心智逐漸安歇在它的初始狀態中。根據佛教禪修者所說的，心智的「自然狀態」有三種特性：大樂[2]、光明、無概念性。我相信這是有史以來有關意識本質最偉大的發現之一，而這項發現需要認知科學家及禪修者共同來研究。

接下來，我將抄錄十九世紀大圓滿大師利立・林巴（Lerab Lingpa）所給的指引，作爲練習方式的說明。他的指引呈現在前，其後則是我的詳細註解。

練習：安心於自然狀態

單單聽到你的性靈導師所給的實用指導，以及知道怎樣將這些指導解釋給別人聽，並不能讓你的心念解脫，因此你必須禪修。即使你花上一輩子練習看起來像禪修的動作，卻在禪修時處於失神的狀態，滿腦子亂糟糟的幻想，或是因爲無法控制心智散亂的情況，而在練習中不時休息，那麼好的經驗或是理解仍舊不會出現。所以在每次練習當中，要依照你的導師所給的口頭指引來禪修，這是很重要的。

在獨處的情況下，坐在舒服的坐墊上，背脊要打直。溫和地屏住「瓶氣」禪修，直到你的生命能量很自然地集中在一起。兩眼注視於空無。讓你的身心內在能夠放鬆，不要讓你連續的意識從清明而活潑的狀態消退，讓它能很自然地、有活力地保持著。別讓你的心被許多批判打亂；別以短淺眼光看待禪修；同時要避免過於希望或害怕禪修會變成某個樣子或不變成某個狀態。開始的時候，一天要練習好幾次，每一段的時間不要長，在每段練習都要好好專心。不論在什麼時候，禪修時都要記住這句話：「不分心也不抓牢」，而且要付諸實行。

譯註

❷ bliss這字，台灣佛教界習慣翻成大樂。承此慣例，在專有名詞時翻為大樂，在一般行文中則翻喜樂，較易親近、理解。

當你漸漸熟悉禪修了，便要增加每節練習的長度。如果遲鈍的情況出現了，便要提昇你的覺知。如果特別混亂而亢奮，則要放鬆。依照你自身的體驗，來決定心智提振的最佳程度，以及讓你最健康的飲食和行爲。

以下均應避免：過度而禁錮性地節制你的心智，由於疲乏而失去清明，以及過度放鬆而造成不自主的囈語及眼球運動。談論許多像是超感官知覺以及各種夢境，或是宣稱「我看到神。我看到鬼。我知道某某東西。我已經了解某某東西。」等等，都只有壞處。出現或者不出現任何一種愉快或不愉快——譬如說某個動作的感覺——都不是固定的，因爲每個人的特質及能力都有很大的差別。

由於你把心智維持在其自然狀態，可能會出現一些感覺，比如說身心感覺舒服、意識感覺清晰、出現空無，以及一種無概念性的感覺——不管是否還存有任何念頭，已經沒有東西可以傷害心智了。不論是什麼樣的心象出現：溫和的或暴力的、細微的或粗獷的、長時間顯現的或很短的、強烈的或微弱的、好的或壞的，仔細觀察這些心象的本質，避免勉強地將它們評斷爲某種東西而不是另一種。把你練習的重心放在讓意識處於自然狀態，一種清明而生動的狀態。做你自己的導師，假如能夠把基本的部分做到完美，就好像爲一根針穿線，你心念當中令人苦惱的部份就會消退，你若沒有屈服於這些煩惱，你就得以自主了，而你的心智將會一直保持安詳及冷靜。對於在生起及圓滿階段中❸，會出現的禪修專注狀態來說，這是個穩固的基礎。

就像在田地裏翻土、耕耘，打從一開始就要避免進行一堆華麗而洋洋得意、但是毫無用處的宣告。相反的，盡全力琢磨你的心智，爲禪修練習建立穩固的基礎，則是必要的。

回想剛剛的練習

在安心於自然狀態的練習當中，專注的對象不再是呼吸時發生在鼻孔周遭的細微感覺，而是「心智的空間」，以及所有在這個空間中出現的事物。內觀的對象，則和先前練習專注於呼吸法時相同，是觀察心智的注意力品質。

開始的時候，一天要練習好幾次，每一段的時間不要長，在每段練習都要好好專心。不論在什麼時候，練習禪修時都要記住這句話：「不分心也不抓牢」，

譯註

❸藏傳佛教將修道分為生起及圓滿這兩個次第。

而且要付諸實行。

當你在這項練習中探險時，我鼓勵你記住這些精華的指引：安放你的心智，不分心也不抓牢。練習「不分心」的意思是，不讓你的心智被一些想法及官感的印象帶走。你的心智要能處於此時此地，而當過去、未來或現在的想法出現時，不要被它們擄走。當你在這條奢靡他路徑上健行，可別做個搭便車的旅行者，坐上任何呼嘯穿越你心智的想法或影像之便車。卻要像是隻茶隼（kestrel），當風吹來時要面對著風、保持不動地翱翔著，不時地稍微移動翅膀及尾巴上的羽毛，來順應氣流的改變。

即使你的專注力已經安放在當下，你可能仍會抓住一些出現在腦海中的事物。當你對心念中出現的事物有所喜好，當你嘗試要控制心念的內容，以及當你認同於任何東西，這時你便是在抓住。我們手邊的挑戰是：要注意所有出現在腦海中的事物，但不要抓住任何東西。在這項練習中，讓你的心智就好比天空。對於任何經過天空的東西，天空都沒有反應。它不會讓任何經過的東西停下來，也不會捉住任何出現的東西，更不會控制這些東西。天空不會喜歡彩虹而不喜歡雲朵，喜歡蝴蝶而不喜歡噴射機。對於任何出現在覺知領域中的東西，不分心也不抓住，只是讓它過去。

在安心於自然狀態後，偶爾會落入分心或抓牢的狀況，你會體驗到類似於從初始覺知（藏文為rigpa：本覺）的狀態掉落到二元性理解的心智狀態。這並不是發生在很久以前、佛教伊甸園的事情❹。只要二元心智開始活動，我們便看不到自身的眞正本質。初始覺知始終存在，但會被掩蓋住——當我們被擄獲注意力的事物帶走時，我們會有渴望或逃避這些事物的反應。

當你漸漸熟悉禪修了，便要增加每節練習的長度。如果遲鈍的情況出現了，便要提昇你的覺知。如果特別混亂而亢奮，則要放鬆。

當你用內觀力注意到散漫及亢奮，便可由上面這段很精要的指導，得知如何補救這些失衡狀態。如果在心智變得亢奮時，你有一股自然的衝動想要約束它，請你克服衝動並且放輕鬆。讓專注的穩定能夠自然地從放鬆的心智裏浮現，而不是來自因奮發而壓縮的心智之中。但也要注意，別讓你的心智變得太散漫而出現遲緩的情形。這就是前面所提到的挑戰，從第四階段往第五階段前進時的典型情況。使用你已細細磨利的內觀力，可以很快地偵測到專注力的失衡狀態，然後採取必要的方法來恢復平衡。

譯註
❹當然，佛教並沒有伊甸園。在此，作者是幽默地跟基督教《舊約聖經》中的伊甸園故事做連結：亞當夏娃因偷食能分辨善惡的知識之果，被逐出伊甸園、落入凡間。

單單聽到你的性靈導師所給的實用指導，以及知道怎樣將這些指導解釋給別人聽，並不能讓你的心念解脫，因此你必須禪修。即使你花上一輩子來練習看起來像禪修的動作，卻在禪修時處於失神的狀態，滿腦子亂糟糟的幻想，或是因爲無法控制心智散亂的情況，而在練習中不時休息，那麼好的經驗或是理解仍舊不會出現。所以在每次練習當中，要依照你的導師所給的口頭指引來禪修，這是很重要的。

雖然你從禪修的書籍中就可學到許多東西（而這可能已足夠讓你進行練習），但如果你想進行的是全職的連續練習，一位博學而有經驗的老師是無可取代的。這一點在認知科學的全職訓練上也是成立的（從來沒有人完全只靠自學而能成爲專家級的心理學家或神經科學家），在許多其它領域也是同樣情形。浪費大量時間在錯誤的禪修練習上是有可能發生的事，而且可能同時還造成心智上的傷害，因此，找到合格的指導者並且仔細傾聽他們的講解，確實是非常重要的事。正如達賴喇嘛被問到，是否必須有位老師指導，才能夠成就證悟時，他的回答是：「不必，但這樣做可以讓你省去很多時間。」

在獨處的情況下，坐在舒服的坐墊上，背脊要打直。

一般而言，兩腿交叉坐直可說是最適合靜坐的姿勢，而且有許多禪修手冊，對於這個姿勢的一些特定重點，也提供了相當詳細的指引。但是利立．林巴建議我們，在靜坐時要感到舒適才好。所以如果兩腿交叉坐著的時間久了，會造成你的痛苦，可以嘗試坐在椅子上或平躺下來。敦珠．林巴給了這項建議：

不要有任何動作，放鬆你的身體，任何讓你舒適的方式都可以，就像停屍處一副不會思考的屍體。讓自己不發出聲音，就好像斷了弦的琵琶。你的心智在未曾變更過的狀態下休息著，就像是初生的空間……以（這種方式）休息一長段時間。這會讓你因元素擾動及不利的環境因素所造成的不舒服得以撫平，而你的身體、言語以及心智會很自然地平靜下來。

利立．林巴繼續說到：

溫和地屏住「瓶氣」，直到你的生命能量很自然地集中在一起。

「瓶氣」是一種讓人有能量並且具有穩定效果的呼吸方法。要練習「溫和的瓶氣」，首先，在吸氣的時候，讓吸入氣息的感覺能夠往下流動到下腹部，就好像把水倒進瓶子裏一樣。然後，當你呼氣的時候，不要讓你的腹部完全收縮，要讓它有點突出，但是肚子保持柔軟。如此一來，你便有點像是大肚皮，吸氣時腹部擴張了，而呼氣時則稍微收縮，但仍然有飽滿感。瓶氣的目標是，把生命能量集中在你腹部的中央通道上❺，並且讓它們能夠在這個區域安定下來。你可以經由親身體驗自己身體以及身體裏面能量的移動而得知。當你已安心於自然狀態後，請以此種呼吸方式開通腹部，能量便會開始自然地集中於中央通道（這個通道垂直地通過整個軀幹，一直到頭頂）。大部份關於奢摩他修行的闡釋都沒有提到瓶氣，所以並不是不可或缺的。但是許多人都發覺，它確實有助於穩定心智及調整身體內難以捉摸的能量。

兩眼注視於空無。

在這個練習當中，很重要的一件事是，眼睛要保持張開，讓雙眼空洞地注視前方。如果你還不曾雙眼張開靜坐過，可能會覺得不大舒服，但我鼓勵你適應它。儘管眨眼沒關係，別讓眼睛發酸。讓雙眼放鬆，就像是張著眼睛做白日夢。藉著張開眼睛，同時將注意力集中在心智事件的範圍裏，人為的「內」「外」界限開始消失。尤其在物質主義者的社會裏，我們已經習於認爲自身的想法以及所有的心智事件，都只是發生在我們腦袋裏面。但是這一點，從來沒有得到科學上的演示確認。在這方面，我們只知道心智事件和神經事件是有關係的，但這不必然意味著，它們也位於相同的地方。

即使沒有這項物質主義者的假想（以爲心智只不過是大腦功能之一），我們仍很自然地，會有從自己的眼睛後頭，往外看著這個世界的感覺。但是這種腦袋裏有某個獨立主體，也就是所謂自我的感覺，其實是錯覺。此種信念缺乏科學證據的支持，而當藉由嚴格思維修的探詢加以檢驗時，也無法找到這個腦袋中的自主思考者及觀察者。在此練習中，藉著讓雙眼打開，但將注意力集中在心智上，概念所套上的內外界限便開始消蝕。你開始認知到，自己的想法並不發生在這裏、在腦袋裏，而它們也並非發生在外頭的空間中。這項練習，挑戰著身體感官中絕對有客體存在，而這身體感官又與主觀心智絕對分離。如今，你已踏上進一步了解非二元性意義之路。

譯註

❺藏傳佛教將身體能量的通道稱為「脈」，有左、右、中三脈，能量的集中處稱為「輪」，有頂、眉心、喉、心、腹、生殖、海底七輪。

讓你的身心內在能夠放鬆，不要讓你連續的意識從清明而活潑的狀態消退，讓它能很自然地、有活力地保持著。

在奢摩他之路上，雖然強化專注力穩定度及活力是相當重要的事，但絕對不可因此便忘了要放鬆。以身體及心智的放鬆當作基礎，會使你的注意力穩定度得以加深，而從深度靜止之中，你可以見證到覺知的自然活力。意識的「清明」，所指的是它的透明性及光亮性。心智空間是清明的，就像一池透明、光亮的水。清晰、透徹，以及光芒煥然，是覺知本身的特性，並不是因爲禪修才外加上去的。所以這項練習的目的是要發現，而非發展覺知內在的靜止及活力。

別讓你的心被許多批判打亂；別以短淺眼光看待禪修；同時要避免過於希望或害怕禪修會變成某個樣子，或不變成某個狀態。

我的性靈導師嘉初仁波切（Gyatrul Rinpoche），給過我許多助益極大的忠告，其中一次是跟希望及欲念有關的。他提醒我，我在禪修時，常帶著過多的熱望了。「但是，」我便反駁，「關於要發展強烈練習動機的重要性，我已被告知多次，而這應該也包括想成功的欲望。要培養對於練習的熱望，卻又要少有或沒有欲念，如何能辦到呢？」

他回答：「在練習與練習之間，去深思練習的價值以及提升自己努力從事練習的動機，這些都是好的。但在練習之中，便要放掉所有這些欲念。放掉你的希望及恐懼，將自己單純地投入練習，一刻接著一刻。」特別是在當今的西方世界中，有這麼多人汲汲營營，想要找到迅速解決的方法和短期的利益，因此，更是容易對禪修抱持短視的看法。如果單純地只以禪修時感覺好不好作爲基礎，來判斷禪修的價值，那將是個大大的錯誤。禪修並不是靈藥仙丹，它並非要讓你在短時間內就得到功效，以獲得一時的紓解。禪修可讓你獲致日益清明的神智，但這需要我們的耐性及堅忍。

依照你自身的體驗，來決定心智提振的最佳程度，以及讓你最健康的飲食和行爲。

隨著我們的練習愈來愈趨向精細，你必須找到對自己最佳的心智提振程度，或可說張力。電視遊樂器玩家經常會體驗到高度的心智提振狀態，而在沈睡時，我們則會經驗到相反的低度提振狀態。回想一下琵琶弦的比喻：就像要找到琴弦繃緊的最佳狀態，你也須決定自身注意力該提振的最佳程度。

此外，因爲你的禪修心智已漸成形，根據自身經驗來決定最健康的飲食以及日常行止，也是很重要的。少量而營養地進食，要適合於自身體質，並要以能讓身體強健的方式來運動。在練習與練習之間，走走路是項好運動，但是強烈的有氧運動，則會過於激化神經系統及心智，進而把你帶離了練習。試著爲自己找到能支持練習最佳的飲食及運動。

以下均應避免：過度而禁錮性地節制你的心智，由於疲乏而失去清明，以及過度放鬆而造成不自主的囈語及眼球運動。

就像所有的奢靡他練習，安放心智在其自然狀態的用意，是要讓你得以平衡。如果你過於限制心智，會造成筋疲力盡，以及帶來過大的壓力。而如果你讓心智過於散漫，專注清晰度將會減退，進而造成不自主的發聲及身體動作。

談論許多像是超感官知覺以及各種夢境，或是宣稱「我看到神。我看到鬼。我知道某某東西。我已經了解某某東西。」等等，都只有壞處。出現或者不出現任何一種愉快或不愉快——譬如說某個動作的感覺——都不是固定的，因爲每個人的特質及能力都有很大的差別。

在這項練習的過程中，各式各樣身體及心靈的經驗都可能出現。其中一些可能相當具有啓發性，譬如你可能會感覺已獲突破並得到了深刻神祕的洞見，然而別種經驗卻可能反而造成困擾，或者讓你感覺很奇怪。雖然許多西方人會很想跟別人說說自己的禪修經驗，這麼做卻不合於傳統佛教徒的作法。西藏人有句老話：如果你在葫蘆裏裝點水，然後搖它，會發出很多聲音；但如果你把它裝滿水再搖，就安靜無聲了。世世代代有經驗的禪修者已經發現，對於宣稱自身性靈上的任何成就，即使所說是眞實的，仍會對於自身修行造成障礙。這些是屬於私人的事，如果你想和別人談這些事，應該是在私下場合和你的性靈導師談。

由於你把心智維持在其自然狀態，可能會出現一些感覺，比如說身心感覺舒服、意識感覺清晰、出現空無，以及一種無概念性的感覺——不管是否還存有任何念頭，已經沒有東西可以傷害心智了。

當身心處於不平衡時，我們會覺得不舒服。這是件好事，否則我們就不會採取行動來加以補救。然而經常發生的反而是，我們不去尋找治療的方法，反而只想找到可以壓抑症狀的快法子。奢摩他之道帶領我們朝著愈來愈平衡的心智前進，我們可由身心的康適感發現這點。當心靈的塵埃落定時，你或許會發現前所未有的、覺知上的清晰。甚且，當根深蒂固地想抓住概念的習慣漸漸退去時，你可能開始以不同方式來體驗實質的物體。通常，即使我們的雙眼並不能感測到觸感的特性，心智仍會不自主地在所看到的東西上裏以一種堅實感。而當概念性心智平靜下來後，你會更清楚看到佛陀話語的意思，他說：「在所觀之中只有所觀。」你所看到的就單單只是視覺上的物體，沒有過去關於實體的經驗殘存而來的重疊影像。官能所見到的物體，因此有了一種透明的特質，對於心智而言只是些樣子，而不是「在那裏」的堅實物體。甚至自己的身體都會看來像是「空的」，沒有實質。出現在心智中的所有物體，都是由官感現象所共同構成的緊密關聯之矩陣，但是這些特質不再看起來屬於某個絕對客觀的物體了，因爲那種實體化的二元感已經在消失當中。

另外可能在此練習中出現的頗不尋常的經驗，是種無概念性的感覺，覺得沒有任何東西可以傷害心智，且不管我們的念頭是否已經停止。這句話隱含的意思是，即使概念還在，你的覺知仍可保持不具概念。這如何可能呢？正常情況下，當有想法出現時，你可能會捉住它們（通常只是半有意識地），而你的注意力會轉移到這些想法的對象上。譬如，出現了你的母親的心象，你會開始想到媽媽。或者，出現了某人取笑你的記憶，由於習慣的緣故，你的心思會飄回那個場合，再次點燃你當時感覺到的情緒，也因此強化了這些情緒。但在此練習中，不論什麼想法或心象出現，你只是看著它們，不要分神也不可抓牢。以不具概念的方式，你注意到它們只是正在發生中的心智事件，沒有去注意它們的內容，也沒有被它們所吸引或感到厭惡。你只是隨它們去。用這種方式，你可以對概念維持一種無概念的覺知。

就像一句老話所說的：「棍子和石頭會打斷你的骨頭。」但如果你不去抓住那些出現在心中的東西、不去認同它們而給它們力量，它們便無法傷害你。當你安心於截然不同於心智所習慣的分神及抓牢的自然狀態下，你會發現，心可以對自身進行治療，同時還透露出它自身內在、健全時的資源。嘉初仁波切告訴我：「當你的心安放在自然狀態時，即使有一千個魔鬼要攻擊你，它們也沒辦法傷害你。而即使有一千個佛向你顯現，你也不需要他們的賜福。」當你的心不再抓牢，它便不再提供目標；它所可能受到的傷害，並不比被飛彈攻擊的天空所受的傷害更多。而當你的心智安歇在自然狀態時，你會發現那些自己一直都有的內在特質：大樂、光明，及靜止。

> 不論是什麼樣的心象出現：溫和的或暴力的、細微的或粗獷的、長時間顯現的或很短的、強烈的或微弱的、好的或壞的，仔細觀察這些心象的本質，避免勉強地將它們評斷為某種東西而不是另一種。

練習專注於呼吸法時，你所面對的挑戰，是要小心地觀察，「但不控制」與呼吸相關的身體感覺。現在你所面對的也是類似的挑戰，要小心觀察在心智當中發生的事件，但不以任何方式去調整或評估這些事件。有一句西藏格言這麼說：「讓你的心做個優雅的主人，招待任性的客人。」在奢摩他的專注於呼吸法練習當中，只要你發覺有念頭出現了，就讓它們過去，然後把注意力再放回呼吸上。但現在，並不是要讓念頭「過去」，而是要「看出他們」，不要偏好某一種想法。要避免被任一種心象吸引，或厭惡任一種心象。甚至也不要偏好沒有想法的時刻，而因此不喜歡出現想法。想法本身並不是問題。被想法分心以及抓住想法，才是問題。請注意，這一點跟前面的練習大不相同。

在練習專注於呼吸法時，你可經由對某個持續存在的對象，如呼吸的感覺專注，而得知自己的專注穩定度。但當你安心於自然狀態時，並不一定始終有念頭。念頭零零散散地來來去去，因此，專注穩定度和特定對象之間，並沒有關係，它是你主觀覺知的一項特質。即使當這些念頭在移動時，由於你並沒有因此分心，也沒有抓住它們，所以你的覺知是保持靜止的。這稱為「靜與動的融合」。

在這項訓練中，有某些期間，你會感覺心念好像都空了。念頭和心象似乎都不見了。這時應提振你專注的活力，看看是否能偵測到那些隱藏在你覺知門檻下的細微心智事件。這是當你完成第四個注意力階段之後，要改用這個方法的原因之一：你必須一直面對挑戰——在提升專注清晰度時，不致因此喪失穩定度。要小心地注意，但也要繼續保持正常的呼吸。不要讓旋緊的覺知阻礙了呼吸的自然流動。如果在最嚴格的情況下，你都無法偵測到覺知空間中有任何東西出現，那麼就單純地注意那空無的空間吧。在這個練習中，禪修的對象是心智空間以及出現在其中的任何東西。因此，不論在心智當中有沒有出現明顯的東西，你都可以繼續練習下去。

把你練習的重心放在讓意識處於自然狀態，一種清明而生動的狀態。做你自己的導師，假如能夠把基本的部分做到完美，就好像爲一根針穿線，你心念當中令人苦惱的部分就會消退，你若沒有屈服於這些煩惱，你就得以自主了，而你的心智將會一直保持安詳及冷靜。對於在生起及圓滿階段中，會出現的禪修專注狀態來說，這是個穩固的基礎。

儘管說能有一位合格老師來指導練習是很有幫助的事情，但當你坐在坐墊上時，你必須當自己的導師，並實踐導師給你的教導。這是一項相當精巧的練習，就像穿針引線，而不是大力士舉重般的粗活。請你要認知這一點：在修行奢摩他時，「做到最好的程度」意思並不是「嘗試到最辛苦的程度」。如果你眞的嘗試做到最辛苦的程度，你已經辛苦過頭了，而如果繼續如此辛苦，你遲早會把自己透支。用智力、理解力、毅力，以及熱誠來培養奢摩他，但你心靈上的痛苦並不會就此永遠治癒了。它們仍會不時地出現，而當你進步愈多，那些痛苦就會消退愈多，你也會因脫離它們而有更大的自主性。如此，你獲得愈來愈高度的情緒平衡及平靜。你的心理免疫系統被強化了，所以，當一些過去會令人生氣的事情再次發生時，你便可更加鎮靜地處理。你的心智能保持平和，也不會被渴望或敵意等強烈情緒所支配。這便是神智高度清明的一項清楚指標。上面所提到的「生起及圓滿階段」，是佛教經典當中關於修行的兩個階段，而在此，利立．林巴指出，在這項奢摩他方法當中獲得的成功，可作為類似的高級禪修之穩固基礎。

就像在田地裏翻土、耕耘，打從一開始就要避免進行一堆華麗而洋洋得意但是毫無用處的宣告。相反的，盡全力琢磨你的心智，為禪修練習建立穩固的基礎，則是必要的。

利立．林巴以上面這些話，作為他對於安放心智在其自然狀態精萃指導的總結。以此項練習方式所獲致的奢摩他成就，並非佛教修行的最終成就，這和在田地裏耕耘並不等於收割莊稼相比。不過，將心智如此加以精鍊，對於日後作為揭示意識中最深層潛能的各項練習而言，卻是必要的基礎。

間奏曲

施受法——付出與接受

前四個間奏曲的重點，分別放在以禪修來培養慈愛、慈悲、隨喜、平靜，它們構成了一首美妙的練習組曲，讓心房打開並獲得情緒平衡。以它們作爲開發奢摩他的輔助練習，可說是相當必要的，而個別來看，也全是饒富意義的練習。我們再來要進行的是大乘的「施受法」，就是練習「付出與接受」之意。這個方法以平心靜氣爲基礎，結合慈愛及慈悲，如此可提振消沉之心，並撫平心緒混亂的情形。正如藉由專注於呼吸的週期：在吸氣時提升注意力，呼氣時放鬆，可摒除注意力的散漫及亢奮，「施受法」也可對治消沉及興奮這兩種情緒失衡。而如把它跟呼吸法一起練習，則會有加成的效果。

禪修施受法

把身心安置於自然狀態，想像自身的本來覺知——超越所有心智的扭曲及病痛

——爲一明亮的白色光球，大約是直徑半吋大小，位於你胸口中央。把此光球想像成無量慈愛及慈悲的源頭，放出的光帶來無限的良善與喜悅。這是覺知的療癒力。再來，請你想想生活中遇到的困難、經歷的痛苦以及這些痛苦的內在原因。把這些想像成一朵烏雲，它遮掩了你最深處的本質，也阻礙了你對於眞實快樂的追求。帶著慈悲，這麼想望：「希望我能脫離苦難及苦難的原因。」在每次吸氣時，想像著這片黑暗被吸入你內心亮光之中，而消失無蹤。每次吸氣時，想像這片黑暗正被驅散，並感受到負擔減輕後的輕鬆。

現在，再來想想自身，想想身爲人而得到充分發展的願景。想想那些你很希望得自世界的賜福，再想像你希望經由轉變而體驗到、實現所追尋目標的過程。然後懷著熱望：「願我能找到快樂及其成因。」隨著每次呼氣，想像亮光由你心中那個永不枯竭的源頭流出，塡充了身上每個細胞及心的每一面向。想像著這道光充滿了全身，並讓心之嚮往隨著每次呼氣得以實現。

再來，讓一位摯愛的人進入你的覺知空間中。將上述練習應用在這個人身上，隨著每次吸氣，以慈悲把他的痛苦及其成因所形成的黑暗一起吸進來，而隨著每次呼氣，以愛意送出快樂及其成因的亮光。當你這麼做時，想像這個人正在脫離痛苦，並且發現了他所尋求的眞實快樂。

讓你所愛的人從覺知的空間當中消失之後，試著回想某個你並不特別關心的人，再，以同樣方式進行練習，但必須認知，此人的痛苦與福祉，就如同你以及摯愛之人的痛苦及福祉一樣眞實、一樣重要。

在此練習下一階段，以同樣步驟，找一位曾經傷害你或你所愛之人的人，或某個你不喜歡的人（或許由於他的某些惡劣行徑），隨著每次吸氣，要特別注意將此人痛苦原因的黑雲吸進來，譬如貪心、敵意、誤解，這些原因可能也間接傷害了許多其它的人。隨著每次吸氣，想像這個人正脫離這些有害的傾向，而隨著每次呼氣，想像他找到了眞實快樂，並且培養出這些快樂的眞正成因。

在結束這節禪修之前，你可以將自己的覺知，往所有方向打開，將一切有情眾生含納於你慈愛及慈悲的範圍內。每次呼吸都以慈悲將整個世界的苦難及其成因之黑雲吸進來，並帶著愛意將快樂及其成因之光散佈到全世界。在禪修最後，釋放所有欲念及影像，讓你的覺知安歇於此時此刻，不再有對象。就只是處於當下。

具有衝擊力的曼陀羅，
驚豔、療癒、啟發……
看見內在從未發現的自己！

＊ 33幅具有原創力的彩色曼陀羅，
同時附上黑白的線圖，讓讀者也能自行上色。

＊ 有別於市場上單純著色繪本書，
更深入探究心靈未知領域，啟發高層次靈感與能量。

＊ 隨書贈送日本原料、台灣製造的英士手工製彩繪毛筆
（顏色隨機）。

能量曼陀羅：彩繪內在寧靜小宇宙
定價380元

法國清新舒壓著色畫50
inspiration

璀璨伊斯蘭
定價350元

幸福懷舊
定價350元

療癒曼陀羅
定價350元

繽紛花園
定價350元

歡迎你將著色後的美麗作品，上傳橡樹林 清新舒壓著色畫粉絲團
https://www.facebook.com/oakcolor，和同好一起分享交流。

自性光明　法界寶庫論

大遍智龍欽巴尊者／著　堪布徹令多傑仁波切／講記　定價480元

《法界寶庫》是由大遍智　龍欽巴尊者所講說。緣起於本智空行母拜見尊者，向尊者請求。像大遍智開示大圓滿教法這麼豐盛的內容，在西藏可以說無出其右者！

在大圓滿教法中有心部、界部、口訣部，《法界寶庫》屬於口訣部。當時化身極喜金剛開示了大圓滿的教法，講述了17部續部，就是17種不共的實修方式，把這17部續部的內容關鍵要點集中濃縮，就形成了《法界寶庫》！

直顯心之奧秘：
大圓滿無二性的殊勝口訣

祖古貝瑪・里沙仁波切／著　定價500元

大圓滿是藏傳佛教中最迅速成就的無上法門。它甚深卻簡要，實修且能速證，是所有對佛法有興趣者都應該認識的殊勝法教。

過去數百年來，透過修持大圓滿而即身成就者，時有所聞，由此可知大圓滿之高瞻遠矚。閱讀本書，您不只全盤認識大圓滿，同時由具格上師指引，如法精進修持，就有機會在此生得大圓滿成就。

本書完整詳述大圓滿的見、修、行、果，特別是如何在生活中的行住坐臥間，以見地與禪修、合一而修之精髓。

蓮師文集

空行法教：蓮師親授空行母伊喜・措嘉之教言合集
定價260元

蓮師心要建言：蓮花生大師給予空行母伊喜・措嘉及親近弟子的建言輯錄
定價350元

自然解脫：蓮花生大士六中有教法
定價400元

松嶺寶藏：蓮師向空行母伊喜・措嘉開示之甚深寶藏口訣
定價330元

第六階：平靜的專注力

如能全時間修行奢摩他，在經過數千小時嚴格訓練之後，可望達成第六個專注力階段：平靜的專注力。要獲致此成就，必須借助內觀力。到這個階段不再有抗拒訓練的情況，但仍須提防發生中度散漫（也就是雖然注意到專注的對象，但專注的活力並不高的情形）。此外，對於現今階段容易發生的細亢奮（也就是禪修目標雖然停留在專注的中心，但不自主的念頭卻從邊緣出現的情形），你必須能察覺。我們再回到早先關於收音機的比喻，細亢奮就好像是雖然調到所要的電台了，卻還模模糊糊聽到另一個電台，或是同時有靜電干擾。在此我們所尋求的專注品質，正如同沒有外部雜音的清晰頻道。

在第六階段，不自主的念頭就好像緩慢流過河谷的溪流，穿過我們的意識。隨著心智變得更爲輕鬆，念頭好像蝴蝶一般，在覺知空間裏上上下下地飛舞，而你可以被動地看到念頭出現、衍生，然後消失的整個過程。念頭似乎變得比較「輕」，因爲它們較不能把你的注意力拉走。就像愛因斯坦的理論所提到的物理空間，被居於其中的物質所扭曲，感覺上，覺知的空間有時候也好像被心智的內涵所扭曲。在某些時候，當我們固著於某樣東西時，我們的心智似乎變得很小。瑣瑣碎碎的小事，在我們的覺知中放大後，以具威脅性、但模糊的方式出現，變成像是大而重要的事。實際上它們並沒有變大。是我們的心智變小了。我們所感受到的心智內涵大小，是相對於心智空間大小的。所以若不想心智活動失去該有的比例，我們應讓心智空間儘量能保持廣大。同時，如果愈能夠不抓住心智事件的話，心智空間也較不會在這些事件周遭出現收縮的狀況，而被這些事件所扭曲。

在開發奢摩他過程中，即使到此相當高級的階段，還是有許許多多情緒及身心的狀況會出現，其中有許多是非常出乎意料的。安放心智在其自然狀態的練習法，對於揭露遭到壓迫或抑制的心智內容（這些內容隨人而異），尤其有名。然而，你所可能擁有的經驗是屬於哪些種類，並無法事先知道。

在此練習中，較常見的挑戰是恐懼。當你鬆開對心智的執著，你也開始顛覆自己平日對於個人身分的看法了，身分是不斷經由思考、回憶及認同於自身的過往、企求及規劃等等而強化的。如今你不再抓著這些熟悉而支持自我的支撐物。隨著念頭與念頭之間的空白時間愈來愈頻繁地發生，也愈來愈長，你的覺知好像處在某種空無之中，一種不具個人意識的真空。當你平常的自我認定失去了憑藉，你或許會被恐懼攫住。我的老師甘．拉林巴警告過學生，此種恐懼可能會出現在訓練中。他還同時忠告學生，不要去認同它，也不要相信它，這是很重要的。有些恐懼是基於現實狀況，這樣的恐懼讓我們的身體有能力逃離險境，或以任何必須的方式來保護自己，保護我們不至於發生危險。但是，自我失去支撐而出現的恐懼，並沒有清楚的對象，而實際上也是沒有根據的。在覺知空無光亮的空間裏頭，並不存在著危險。你所損失的只是「獨立而具有控制力的自我」此一錯覺而已。唯一被威脅到的，只是個本來就是錯的感覺。如果你不認同於這個錯覺，便沒有什麼好怕的。但如果你認同於此種恐懼，它可能使你整個修行費力地停頓下來，還讓你的情緒深度失衡。因此，要不分神也不抓牢地檢視此種恐懼，是非常重要的。要始終記住練習本身最基本的部分。

在訓練當中，另一項隨時可能突然出現的情緒失衡是消沈，此狀況可能和根深蒂固的罪惡感及低度自尊有關。當這些情緒或態度出現在靜坐禪修時，把它們當作如同其它心智事件一般來處理：看著它們出現、看著它們如何停留蜿蜒，並看著它們消失於心智空間中。以清明的智慧來檢視，但不要摻雜任何情感。不要認同於這些情緒，也不要把它們視同己出，就讓它們從覺知空間中出現再逝去，你不需做任何干預——甚至不要希望它們消失。讓你的心智空間保持情感上的中立，就像物理空間一樣，並不在乎是子彈或是蜂鳥穿過了它。

練習：安心於自然狀態——深度探索

當你第一次練習安心於自然狀態時，要辨認出無可觸摸的心智領域，可能會有困難。而即使你能夠安放自己的覺知，過些時間後，你的注意力可能就變得含糊不清、神魂顛倒或神遊太虛了。如果對於辨識出心智的領域或維持專注力於何處，你感到確實有困難，那麼可以試著讓自己有意識地想一件事情，譬如「心智是什麼東西？」，然後專注在這問題上。不需思考這個問題，也不要試著回答。只需觀察這個想法本身，看著它出現在意識的領域，然後再沒入該空間中。當它消失時，將你的焦點保持在剛才念頭所在之處，看看接下來出現的是什麼。如果你變得不注意或失神了，就特意再把那個念頭帶出來，以單純的專注力來觀察它。當你熟悉這項練習後，就不再需要產生這種念頭來使覺知更清晰以及讓注意力集中。念頭會自行出現，自行消失。

這項專注於心智空間及所有發生於其中之事件的練習，就好像一位自然學者的田野考察，只不過對象是你的心智之野。當你剛上路進行首次內在之旅時，你所能理解的可能很有限。但當你漸漸習慣這個練習，便逐漸能辨識出愈來愈多、愈廣的心靈現象。有些是較清晰的，如念頭及影像，有些則是模糊難辨的，如情感及心情。這個練習讓你可以體驗一個無法以現代科技工具觀察到的領域。這些工具能做的最多只是，偵測到你直接觀察到的現象中神經與行爲的交互關係。你已經成爲一位心智方面的自然學者，嶄新的世界在你面前展開，而對於多數人而言，卻大體上都屬於尚未覺知到的範疇呢。

在這項練習中，覺知的所在，由內觀可立即檢視到的粗心智活動之表面，逐漸下降，到通常低於意識門檻的心智隱密處。在此訓練當中，你會發現，有意識與無意識的心智事件間的界限，會隨著注意力的放鬆、穩定及活力的程度而改變。尤其當你從事這項練習，每天好幾個小時，一次延續好幾天、好幾個星期或好幾個月時，你會疏浚自身精神的深層。如此一來，你會想起早已遺忘的經驗，可能愉快或不愉快，以及各種層次的欲念及情緒。

在此所發生的事情是，想法、心象、回憶、欲念、幻想及情緒等，清楚、明白地作自由的連結。你正在探索自己的心靈深處，沒有被外物所分心。一度隱藏的現象，由於不再壓抑而被揭露了。這是富有潛力的超深度心理治療，你練習的程度愈是密集，便愈需要一位有經驗、富慈悲心的導師來指導。當你禪修時，將此思維修傳統的智慧內化，並且要確定自己眞的做到了此練習的核心指示：無論出現在心中的是什麼，不要被帶走，也不要抓住或認同。只是讓它去。以你的睿智，注意地看著念頭、情感或其它心智事件出現，要注意這些事件的本質，再讓它們溜回覺知的空間，沒有批判也不要干擾——當不凡的心智療癒力出現時，這便是讓心中的結自行解開的關鍵。這是通往深度清明之路。

回想剛剛的練習

一九八八年在美國華盛頓州舉行爲期一年的訓練，一開始甘・拉林巴就警告參加的人，他們可能會經歷到魔鬼或其它可怕的幻覺。許多西藏禪修者都曾經陳述此類經驗，這些經驗是當他們從事長期而密集練習時發生的，而此種非人的存在大體上屬於傳統佛教世界觀的一部份。就我所知，在那次閉關中，結果並沒有人提出看到此類鬼怪，或許是因爲在現代西方社會中，相信這些鬼怪存在的情況不算那麼普遍。不過，有一些參加者偶爾會被欲望、性靈方面的自大、恐懼、無聊、自我懷疑、罪惡及低度自尊等「魔鬼」所苦惱。即使科學顯然已將客觀物理世界的諸神、精靈、魔鬼都掃除了，但它們的內在對應角色，仍然擁擠地居住在心智的主觀世界中。

把十九世紀西藏禪修者敦珠・林巴的非二元世界觀，拿來跟十六、十七世紀的歐洲二元世界觀做比較，會是一件很有趣的事。後者的年代是科學革命及清教徒改革的成形時期，當此二者崛起時，歐洲對魔鬼及女巫正進行著病態的鬥爭。以當時歐洲的世界觀來看，魔鬼是實際存在的、是來自外在世界的，它們爲個人生命及社會帶來浩劫。魔鬼也爲「自然哲學家」（這些後來被稱爲科學家的人，當時正嘗試著想了解物理宇宙的運行機制以及自然律）帶來了問題。

牛頓爲魔鬼的問題想到解決的辦法，就是將它們限制在人類心智的主觀領域中。

把外在世界的魔鬼都清除之後，他讓這個物理世界變得較可預測，而對於科學探詢而言，也是較安全的地方。牛頓將西方世界的魔鬼吸進來，放在人類心智裏，由空間、時間及物質所構成的客觀世界，則充滿了神無限的愛及智慧的光芒。由佛教徒的眼光來看，這或許就是牛頓版的「施受法」。但牛頓並沒有將這些魔鬼放在內心之光裏來消除它們，他讓它們仍留在人類心智當中，讓它們安靜地躲在那裏，直到兩百年後，佛洛伊德才開始探索人類精神的幽微處。

佛教認爲魔鬼的確存在，但它們並非絕對客觀、也非絕對主觀的東西。它們出現在人類經驗領域（主觀及客觀的顯現都在其中）之中，我們因此遇上了。當你用安心於自然狀態之類的修行法來探察精神的內容時，你便可能遇上看似魔鬼的現象。但必須了解的是，即使「正確」的練習也可能造成魔鬼顯現於心中，更不用說出問題的練習了。如果你是西藏人，你遇到的魔鬼可能有好幾個頭、好幾隻手。如果你是西方人，你的魔鬼可能以所處社會當中較廣爲人知的形態出現。當你在探察精神深處時，你自己的魔鬼會出現在你意識之光中——這點你儘可以「放心」。

敦珠．林巴對於魔鬼的解釋是，它們其實是心智中的病態傾向，譬如仇恨、貪婪、惶惑、驕矜及忌妒等對外投射而來的。當魔鬼出現時，西藏人之間有個很自然的共同傾向（就算有經驗的禪修者也一樣）——去找醫生，告訴他禪修時發生的事。而當醫生的藥不能改變情況時，接下來可能會去找占星師。而如果占星術也失敗了，再來可能就要找靈媒。然而，如果魔鬼會出現的原因，是因爲我們沒有好好照顧神經衰弱的心智，那麼所有從外頭驅趕它們的努力，當然不會有實際效果。我們必須設法解決這些問題。如何做到呢？讓它出現，讓它過去。讓心中的魔鬼自己出現，並且不要纏住它們或跟它們打鬥，讓它們以自己的步調消失在覺性明亮的空間之中。這個修行讓我們的心得以進行自我療癒。

在《金剛本義》（*The Vajra Essence*）中，敦珠．林巴談到此種存在只出現於心中，否則並不存在。雖然這也是當代心理學的看法，但要注意的是，他同時認爲，對於心智來說，自我並不比這些鬼怪更眞實。兩者都不具內有的、客觀的存在，是我們自己——而不是什麼想像中的超自然生物——才必須對那些降臨我們身上的事負責。許多佛教的禪修手冊，對於修行得法時，在禪修當中會出現什麼情況，都提供了典型的說明。這些文章當然有其價値，但它們卻無法說清楚修行正確時所可能出現的各種挑戰。多數手冊談到的，是「應該要」發生的事情，而不是「眞正」經常發生的事情——即使修行本身能正確而連貫地進行。

相反的，《金剛本義》則在呈現通往證悟的完整路徑時，一開始就對於可能發生在奢摩他之路上的各種禪修經驗（藏文：nyam）提供了說明。敦珠．林巴強調，奢摩他修行法當中作爲大圓滿法教準備工作的，就是安心於自然狀態這個方法，他還將它稱爲「將心智及心智中的顯現當成禪修對象」。

《金剛本義》特別強調，在不同人之間，個別的經驗並沒有任何一致性可言。每個人的心都是無法想像的複雜，若要預測某個人將會經歷到的是何種型態的經驗，根本是不可能的任務。下面所條列的是在該書當中，關於這項訓練中可能出現的各種禪修經驗的一部分，尤其在一個人每天獨處好幾個小時，連續進行好幾個月時。

- 覺得所有的念頭都把你的身心搞得七葷八素，好像大石頭從陡峭的山上一路滾下來，將所有東西壓平、輾碎、破壞殆盡。
- 所有的念頭都讓心中感到劇痛，就像被利劍刺穿一般。
- 某種恍惚而狂喜的感覺，對於心智的靜定感到十分舒暢，但對於其活動則感到痛苦。
- 所有現象都是發亮而彩色的小光點。
- 全身上下，從頭髮尖端一直到腳趾甲的末端，都感到難以忍受的痛楚。
- 由於身上的各種病痛，因此覺得，即使食物及飲料都可能造成傷害。
- 一種無法解釋的偏執想法，不敢見到別人、拜訪別人住處或前往公共場所。
- 強迫性地希望得到醫療照護、占卜及占星術的幫助。
- 傷心欲絕，覺得自己的心會爆裂開來。

‧晚上失眠，或睡睡醒醒，就像是得了重病而將死的人。
‧當你醒來時，會感到悲傷和惶惑。
‧有種信念，覺得你還需要取得某些具決定性的知識或了解才行，而且就像口渴的人想喝水一樣熱切地希望著。
‧一個接一個、各種病態想法不斷浮現，而且即使這些想法造成很大的痛苦，卻仍強迫性地繼續想著。
‧各種的語言障礙及呼吸道毛病。
‧有種信念，覺得每個聽到的外在聲音、每個看到的形象，都有特殊意義，而且會想：「這必定是某個象徵或預兆。」強迫性地猜想鳥叫聲，以及所有看到或感覺到的東西所可能代表的意義。
‧外面的聲音及人、狗、鳥等發出的聲音，都感覺如刺一般，穿過你的心。
‧偏執地認爲，每個人都在偷偷談論、貶低你，而感到無法忍受的憤怒。
‧當你聽到或看到別人開玩笑和大笑時，會有負面的反應，認爲他們是在取笑你，而想要進行口頭上的報復。
‧由於自身過往的受苦經驗，在看到別人時，會強迫性地盼望他們得到快樂。
‧不論是對武器或甚至對你的朋友，都感到害怕及恐懼，因爲你的心裏一直充塞著持續的焦慮感。

- 周遭所有的事物，都會帶給你各種的希望及恐懼。
- 當你晚上上床後，會預先感應到第二天來找你的人。
- 當心中有影像出現，如看到別人的臉、形貌、心智及對話，甚至魔鬼等時，會帶給你無法壓抑的害怕、生氣、偏執及恨意，讓你無法入睡。
- 由於你對上師的敬意及熱愛，或對宗教敬獻物的信念及虔誠心，或對存在本身周而復始感到出離及幻滅，或爲有情眾生感到深深的同情，你因此而哭泣了。
- 在難受的經驗過後，所有痛苦也跟著消失，而你的心，就好像最初的空間一般，充滿了明亮的清晰感及狂喜。
- 經驗到神明及魔鬼眞的取下你的頭、四肢、內臟而離去，只留下一縷輕煙，或只是感到此事發生，或此事在夢裏面發生。
- 一種狂喜感，就好像狂風暴雨過後，天空再次晴空萬里。

我們之中許多人，可能會對於上述一些令人不快的體驗，以停止練習或尋求醫療來因應，敦珠・林巴卻把它們都稱作「進步的徵兆」！如你能認知到你的心是如何地藏污納垢及混亂不堪，這確實是個進步。但是當你愈深入心智內在之野，你會遇到各種料想不到的事物，而讓人深深困擾的某些記憶及衝動，偶爾也會出現，並在身心兩方面都出現影響。有時候所出現的事物，可能令人十分不安，這時可能會需要心理諮商或醫療照顧。敦珠．林巴的建議是，在練習當中，要保持穩定的進程，繼續觀察所出現的，不分神也不抓牢。這是高標準要求了，但這正是前進的方式。在各種精神疾病及失衡狀態之中，我們除了經由精神本身，沒有其它途徑可來探測意識的深層。可以感到安慰的事情是，這些令人氣餒的經驗，沒有一個是經由禪修練習而引入你心中的。不論出現的是什麼，都早已在那裏，只是先前被心智的混亂及遲緩所隱藏起來了。

雖然敦珠．林巴強調，會有哪些禪修經驗是幾乎無法預測的，但他也說了一些相應於不同個人心理而有的大致傾向，這些心理上的組成，又與五大元素有相關性：

> 對於火元素組成的人來說，最明顯的是一種喜悅的感覺；對於土元素組成的人來說，最明顯的是一種遲鈍的感覺；對於水元素組成的人來說，最明顯的是一種清晰的感覺；對於風元素組成的人來說，最明顯的是各種難受的感覺；而對於空間元素組成的人來說，最明顯的是一種空虛的感覺。

藏傳佛教由於和傳統西藏醫學密切相關，而認爲人體就像物理環境，是由五大元素所組合成的。多數人有一種或幾種元素是主要的，這點影響了他們的體質、行爲及心理傾向。以下是對於這五種組成所作的簡要整理：

土元素所形成

「正面相」：感到穩定、站得穩、有自信；其信心與抱負是不變的，責任感也是。

「負面向」：遲鈍、懶惰、不活潑的特質；思考上可能較沉重、直接了當、缺乏創意；冷漠及消沉；不敏感及缺乏激勵感。

水元素所形成

「正面相」：對於自身和自己的生活感到舒服；如水一般，在生命中易於找到出路；接受出現的狀況，歡喜而滿足。

「負面向」：自滿、生產力較缺乏、軟弱而浮動的心智；高度情緒化及過度敏感。

火元素所形成

「正面相」：有發想案子及帶動完成的能力；直覺及熱情、做事讓人感受其活力、對於工作及成就感到喜悅。

「負面向」：容易亢奮、易被激怒、衝動、不穩定、不安、不耐煩、嘮叨、易失眠。

風元素所形成

「正面相」：將負面情勢轉成正面情勢的能力；好奇、智能上有彈性。

「負面向」：少有穩定性或滿足；善變、很難接受事情的現狀、神經質、無法專注、焦慮、不正經、情緒不穩定。

空間元素所形成

「正面相」：能夠包容生命中所有事物；對所有事情能容忍並維持平衡。

「負面向」：空茫、對正在發生的事情失去了連結；由於與生活的關聯太表面，以致失去其意義；缺乏覺知、與現實脫節。

如果得知，在安心於自然狀態的練習中所遭遇的困難終有結束的時刻，應該會讓你感到些許安慰吧？你終會穿透精神的層層切面，而進入一個清淨光明的覺知空間。敦珠・林巴如此描寫這項突破：

在所有舒服及難受的感覺都消失於心智空間中之後，只需讓念頭出現，不必做任何事情，所有的顯現便不再有幫你或傷你的能力，而你可以保持在這個狀態。你可能還會有種喜悅、明亮且不具概念的超凡感受。

雖然「喜悅」及「明亮」是熟悉而常用的字眼，「不具概念」是說我們所熟悉的概念不見了的狀態。這些字眼在這個高階禪修階段所眞正代表的意思，是無法用想像便知道的——除非你已達到這個階段。在此，語言可能會造成誤導。用來描述此種意識狀態的文字，必須傳達一些感覺，讓沒有禪修的人及初學者多少知道，當達到高度的專注平衡時所發生的事。但只是以門外漢的角度知道這些字眼的意思，就以爲自己已經了解在這些極爲罕見的情況下它們所代表的意義，卻是大錯特錯了。

間奏曲

清晰夢——日間的練習

在佛教傳統中，開發奢摩他的主要目的，是要將強化的專注穩定度及活力，應用在對於實相本質的經驗性探索上。「佛」這個字的本意是「醒著的人」，而隱含的意思便是，我們其餘的人——相對而言——都還在睡覺，雖在生命旅程中一路前行，卻猶如在夢境裏。當你在作夢，自己卻不知道，就可說作的是「非清晰夢」。但當你作夢時能知道在作夢，便可稱爲作「清晰夢」了。佛教徒對於洞察力的修練，其目標在於不論白天或晚上，都可以「警覺」到所有當下的意識狀態，進而隨時保持清醒。

在過去三十年，清晰夢已經成爲科學研究的主題之一，要在作夢時有效地辨識出作夢狀態的各種方法，已經被開發出來。當你開始應用自己的專注力來開發洞察力時，或許會發現，在兩節奢摩他禪修之間，開始從事一些此類的練習會有幫助。

藉著專注地觀察自己在實際上如何看待身體及其環境所構成的實體世界，你便已開始進行清晰作夢法的日間修行。我們之中大概有許多人相信，以自己的五種官能，可以直接認知到客觀實體的現象，同時還可能相信，藉由感覺而得的心象，正確呈現了我們所觀察的物體。然而，神經科學家德馬西歐（Antonio Damasio）駁斥了這項通常被稱作「天眞的現實論」（naïve realism）的假設：

「呈現」（representation）這個詞的問題，並不在於其語意不夠清楚，因爲每個人都可以猜到它的意思，而它的含意——在心智中或大腦中的心象或神經型態，以某種方式，帶著某種種逼眞度，「呈現」了該呈現所指之對象，就好像該對象的結構被複製在此呈現之中……當你和我注意看著我們之外的東西時，便在我們個別的大腦之中，形成了大致上差不多的影像。我們都深知這一點，因爲你和我都可以用非常類似的方式來描述這個東西，而且可以一直講到細節。但這並不意味著，我們所看到的影像完全複製了外頭這東西的樣子。不管它是什麼樣子，如果要以絕對精確的話來描述，那只能說沒有人知道。

由此神經科學方面的看法，我們知道了自己可以用五種官感來直接理解腦中出現的影像，但這些影像存在，並不代表在腦袋之外眞的有獨立存在的東西。這些官感的印記（顏色、聲音、氣味等等），並不比念頭或夢更實在。雖說我們似乎經驗到顏色等等，就如同客觀世界中的顏色，獨立於我們官能而存在一般，但這就好像夢境，只是個錯覺。

我們也許可以由此作出結論，我們唯一能直接感知到的實相，是由心智中出現的東西及五種官感所組成的，但這些都無法證實是具有實體的。我們找不到客觀的「尺碼」來把自己的感覺或觀念，和「外頭」的實體現象作比較，我們以為這些現象是獨立於我們的感覺和觀念而存在的。一個由我們定義為實體現象所組成之獨立存在的宇宙是否眞的存在，如今似乎大有疑問。而我們平常清醒時刻的經驗，也因此披上了一層夢幻般的外衣。

這些看法，也和哲學家康德的想法大致若合符節，但這裏所隱含的意思，並不是在人類心智外並沒有宇宙獨立存在著（不管是實體或非實體的宇宙），而是如康德所言，一旦我們試著要感知它或想到它，我們是以自身的人類官感及認知能力來做標準，而這些都無法以獨立於我們探詢的模式來接觸實相。物理學家海森堡也說過相同的看法：「我們所觀察的不是自然本身，而是在我們探索方法下暴露出來的自然。」

從伽利略的時代開始，科學家就試著要探測獨立存在於人類經驗之外的客觀實相之本質，而佛教徒則尋求對於他們稱為「界」（loka）的了解，這個界相當於現象學者所稱的生活世界或生活環境，也就是經驗的世界。就像夢一般，清醒時刻所體驗到的世界，並非獨立於我們對它的經驗而存在的。在日間的練習是為了晚間的清晰夢作準備，不過，它對於讓你能開始清醒地面對所經驗世界的本質也有幫助。藉著學習來獲得高度清晰的最有效方法，是以「嚴格自省的態度」來面對自己的意識狀態：在清醒時刻，問自己是否正在作夢。

整個白天都「清醒」

清晰夢的日間練習有三個部分：一、做「狀態檢查」；二、查看是否有夢的徵候；三、期待晚上可以清楚知道自己作夢。

狀態檢查

做狀態檢查讓你得以判定，自己目前是在清醒狀態還是在作夢。即使在清醒狀態下，你所經驗到的實體世界，也非由你的心智所完全決定。譬如，當你在閱讀本書時，雖然你所看到的視覺影像是由你的大腦所產生的，紙張和墨水卻是別人生產的，所含的化學物質也不是因你感知到它們才存在的。如果你將頭轉開一會兒，即使你腦中對於它們的視覺呈現已不存在，書上的紙張及墨水仍然存在。相對於你對書的感知，書可說是具有獨立的存在，而當你每次回頭去看這一頁裏面的文字，你會看到相同的字。相反的，如果你正在作夢，你在閱讀的書只要脫離了你對它的感知便不存在了。它純粹只是你心智的產物，所以如果你將眼睛閉上或把頭轉開一會兒，那夢中的書根本就不存在了。只要離開視線，也就離開心智的範圍，因此不再存在。正因爲在夢裏面並沒有客觀存在的書本，所以當你回頭再看該書，文字在第一次重讀時，會改變的機率是百分之七十五，而第二次重讀時，會改變的機率則是百分之九十五。

那現在就試試看，把你的頭轉開幾秒鐘，然後再回來看這一頁。如果文字改變了（當然你必須記得本來內容是什麼），那麼你幾乎可以確定正在作夢。如果文字沒變，你大概是清醒的。如果你這樣做兩次甚至三次，還是同樣的文字，那麼你可以更加肯定地作出結論：你並不是在作夢。但是如果文字改變了，即使只有一次，那麼你大概可以放心地作出結論：你正在作夢。

這個練習看起來很蠢，因爲你想必相當有把握自己並沒有在作夢。但是當我們在作夢時，我們通常也有相同的自信。我們把自己所經驗到的周遭世界，當作客觀而眞實的，是獨立於我們對這個世界的覺知而存在的，而我們對於事件的反應方式，就好像我們是清醒的一般。經由在一天當中間歇地進行狀態檢查，你可以判斷出自己是清醒的還是睡著的。當你熟悉了這個練習，也許就能將這個習慣帶進你的夢中，到時候你可以應用它，而突然發現自己「正在」作夢。如此你便可開始作清晰夢了。

在奢摩他的修行當中，你開發出「當下記憶」，在不斷往前流動的當下之中，你記得要將注意力集中於所選定的對象上。你也記得要在注意力失衡時辨認出來，以及當散漫或亢奮出現時加以補救。同樣的道理，在日間進行的清晰夢練習，包括了要全天候地「記得」做狀態檢查。而且，如果在任何時候，你經驗到十分怪異的狀況，要停下來問自己：「這有多奇怪呢？」作夢時，我們經常會經驗到許多異常的狀況，譬如我們所在的地方突然改變，以及其它各種不連續的狀況，譬如一本書裏的文字改變了，或者其它怪異的事情及狀況。但如果沒有對這些狀況採取一種「嚴格自省的態度」，我們很容易就會忽略，而沒注意到自己正在作夢。隨時保持這樣的嚴格態度，質疑你當下經驗的本質；這個習慣或許也可因此被你帶到作夢之時，而讓你的心智更爲清楚。

夢的徵候

「夢徵」所指的是，一些通常在夢中發生的不尋常事件，當你注意到它們，夢徵便可向你指出你正在作夢這件事。在此練習中，你監看自己正在經驗的情境，找尋夢徵。夢徵可分三種。

「單獨的夢徵」包含了各種活動、狀況、人、物品及心智狀態，這些在夢中通常會經驗到的東西。要能夠辨認出、注意到這些夢徵，你便必須很注意你的夢境，養成寫夢誌的習慣，記下那些重複發生的狀況。記住這些狀況，在你經驗到這些狀況時，停下來做狀況檢查，以確認你是否在作夢之中。

「強烈的夢徵」所指的是，就你所知只會發生在夢中的事。例如，你正在看書，而這本書突然變成一條烏賊，這就屬於強烈的夢徵，而如果你可以辨識出來，你已經變得清晰了。另外還有許多「超自然事件」常會發生在夢裏，但如果你無法將嚴格自省的態度應用在這些強烈夢徵上，你會繼續將你所經驗到的所有事情，都當成是客觀而眞實的。

「微弱的夢徵」是那些就你所知相當不容易發生，但並非完全不可能的事。看到一隻大象從你的前院草地上漫步而過，便是一例；除非你是住在斯里蘭卡的叢林中，或肯亞的野生動物保留區。當你經驗到任何有點超乎尋常的事情，就進行狀態檢查。如果你看到任何可閱讀的東西，就用前面提到的狀態檢查方法來進行確認。如果沒有這樣的東西，你可以很單純地仔細觀察附近的環境，看看一切是否如你清醒時刻一般穩定。要注意的是，一些無法解釋的突然變化，或許便可讓你看出自己在夢裏。

期待

在一整天裏頭，隨時提醒自己，今天晚上你將會作夢，而且不斷地加強決心：「當我今晚作夢時，我會看出來我正在作夢。」在奢摩他修行當中，所培養出來的專注穩定度及活力，加上你對於要做的事已加以練習了，這些應可幫你，讓你不論在清醒或作夢時，都能更加清晰辨明所有的經驗。

第七階：全然安詳的專注力

當完成前六個專注力發展階段給你的挑戰之後，你便晉升到第七階段了，此階段稱爲「全然安詳的專注力」。無著簡要地這麼形容此階段：「執著、憂鬱等等，一出現就被平息了。」這樣的經驗也許仍不時會出現，但不再能撼動心智而破壞其平衡。就好像河流緩慢流過河谷一樣，不自主的想法仍然穿越心智，但當你的心智能愈來愈深沈地安歇在自然狀態，這些念頭便無處可沾黏。不會想抓牢念頭，就不會被它們沾粘，念頭也就無力造成痛苦。

要完成第七階段，必須借助的是「熱切」的力量：單單練習本身，便可讓你感到喜悅。它激勵你繼續在修行之路前進，去面對前方將出現的、日趨隱微的挑戰。你雖已克服了中度散漫，細散漫卻還在，這時雖然專注的目標可以很有活力地出現，但你的專注力卻有點鬆散。只有很高階的禪修者，才可能看出如此細微程度的散漫情況。唯有那些受過訓練而能展現出超高度活力的心智，才可能偵測到。細亢奮也會不時發生。如同前面建議的，當散漫出現時，要提昇你的專注力；當亢奮出現時，則要稍稍放鬆。在第七階段，對於這些細微的專注力失衡狀況，你可以很快就看出來，因爲你的內觀力已磨練得很犀利，而這些失衡狀況也很容易地就得到補救了。藏文的gom通常被翻譯成「禪修」，也有「熟悉」的意思，而這也正是你在此階段所會經驗到的特質。你已經高度熟練於讓專注力恢復平衡，以及讓它更加精純的方法，因此從此直到實現奢摩他，一路上都能感到駕輕就熟。

當你到達第七階段全然安詳的專注力之時，心智已經如此精純，單節禪修練習可能延續到至少兩個小時，只被散漫及亢奮極輕微地打岔。到目前爲止所介紹的兩種奢摩他方法——專注於呼吸法和安心於自然狀態法——其練習讓你所需要做的事情逐漸地減少。當專注於呼吸時，你所做的事情已很有限，但在不自主念頭出現時，至少要記得把它們放掉。你會較喜歡擁有一個沒什麼概念性的心智，而不要散漫的念頭及影像一個又一個地出現。但等到練習安心於自然狀態時，你要做的事情就更少了。你甚至不用希望念頭不見，也就是不刻意將念頭從心智當中趕走。你任它們自生自滅，不以任何方式來刻意影響它們。只是持續專注於心智空間及空間之中出現的任何東西。

練習：讓心安放在自然狀態中，並觀察心活動的過程

第一世班禪喇嘛將這項練習稱爲「禪修心智的相對本質」，而敦珠・林巴則將它稱爲「把顯現及覺知當作修行之道」。第一世班禪喇嘛如此描述這項練習：

不論什麼樣的念頭出現了，不要壓抑這些念頭，要看出它們在哪裏活動，以及它們的去向；在觀察這些念頭的本質時要專注。如此，它們的活動最後會停止，這也就是靜止的狀態。這就好像航行於大海的船上被關很久的鳥，放出來的時候想飛越海洋的那個例子。在練習時要合於薩羅訶（Saraha）《了然之歌》（*Song of Realization*）的旨趣：

「如同一隻由船上飛出的烏鴉，四面八方地繞圈，然後再次棲止於船上。」

在古代，當印度的航海人出海，到了遠洋時，會放出一隻關在籠裏的烏鴉，然後注意看它怎麼飛。這隻烏鴉會在上空盤旋繞圈，並且愈飛愈高，圈子也愈繞愈大，如果烏鴉最後往某個方向飛走了，領航者就知道那是最近的陸地的方向。但如果烏鴉看不到陸地，儘管它或許很想降落別處，但因不會游泳，便不得不飛回船上。類似的道理，當念頭出現時，不論它們的本質爲何，也不管持續的時間是長或短，都讓這些念頭自行終結。到最後，它們只會回到覺知的空間中消失，而那正是它們一開始出現的地方。在練習中，觀察念頭的活動而不加以干涉是很重要的，因爲在此過程中，心智便可自然療癒——這是很關鍵的一點。

回想剛剛的練習

專注和觀

安心於自然狀態的練習，和關於專注的心理描述是密切相對應的，我們早先解釋專注時，是這麼說的：「一種不費力而且不批判、以當下爲中心的覺知，對每個想法、感覺或官感都注意到了，並且以其本來面貌接受。」就如同第四階段中所提到的，這段描述反映了當代內觀傳承對於專注的說法：覺知每個當下「單純的專注力」，或者可說，對於經驗不加標籤，也不進行分類的無概念性覺知。然而，印度及西藏的佛教禪修者卻認爲，安心於自然狀態的練習，是用來開發奢摩他的一種特定技巧，而非用以開發出「觀」（vipashyana）。

德寶法師針對當代的內觀傳承，談到三摩地（或專心）時是這麼說的：「可以定義爲，能夠專一地注意於特定對象，而不至於被打斷的心智能力。」而他將專注力描述爲「注意到……已經分心了，而專注力將注意力導引回來。」因此，對於德寶法師而言，專心具有我們稱作爲專注力的功能，而他所描述的專注力卻有我們所稱爲內觀力的功能。能夠注意到各傳承間用詞不同，或許有所幫助，至少讓我們不至於暈頭轉向。然而，同時値得注意的是，根據此處所引用的經典內文所說，將單純的專注力所做的奢摩他修行，應用在心智領域，所得的結果只能暫時緩解渴望及敵意之類的心理痛苦。所以，若要說只需藉由練習單純的專注力，便能永遠消除某種心智痛苦，實在沒有理由去相信。

根據佛教的傳統，永遠的解脫需經由觀的修行產生智慧方可獲致。當此種了悟與奢摩他超凡的專注穩定度及清晰度結合時，便能夠永遠去除無知與妄念，而後二者正是痛苦之源。另一方面，如果觀的修行沒有奢摩他成就的支援，任何的證悟、覺醒或轉化都無法持久，而我們也永遠無法脫離生而為人的痛苦。由奢摩他及觀結合所獲得的解脫，並不能將我們置於現實變化之外。佛陀一樣會老、會死。但是佛陀以及那些跟隨他腳步而臻於極境解脫的人所獲得的自由，無疑地讓他們的心智得到了療癒，而解脫了渴望、敵意、妄想和這些所帶來的苦痛。只要尚未達此境地，便不足以稱「涅槃」。

在佛教的八正道中，正精進、正定，及正念對於奢摩他的培養是有幫助的。正思惟、正見則是八正道中培養智慧所必需的基本元素。這也進一步地指出了，心智要完全脫離其病苦傾向，單單只靠專注力是不夠的。要獲致洞察力，以得眞正自由，必須運用高度清晰的思考，並且像科學家用作業假設來進行實驗那樣來使用佛教徒的見地。禪修如果和任何見地及假說都沒有關聯，就會像沒有參考任何有關實相科學看法的科學研究一樣，侷促於一隅。

探索意識的相對底層狀態

根據大乘的傳承，安心於自然狀態的練習，可以讓人了解意識的「相對」本質，並「暫時」減輕心智的某些障礙。這便是第一世班禪喇嘛把它稱作「禪修心智的世俗本質」的原因，同時他還提出警告，說西藏許多禪修者把由此項練習所得之經驗，誤認爲是對於究竟眞理的理解。

南傳以及印度—西藏的佛教傳承都同意，開發奢摩他可以對精神的基層狀態獲得經驗性的了解。早期的佛教文獻將此稱爲有分識（bhavanga），字面上的意思是「生成之地」（the ground of becoming），有分識支持了所有種類的心靈活動以及官感感知，就好像樹根支持了它的樹幹、枝條以及葉子。有分識可以說是意識的一種相對眞空狀態，裏面沒有活動中的念頭、心象，以及官感覺知等等「動態的能量」。一般來說，當心智在活動時，是無法看出這一點的，因爲此種心智通常只展現在無夢睡眠之中，和生命將結束的最後時刻。雖然它被認爲是心智在自然、無負擔時的狀態，然而，事實上，即使在心智被病痛般的念頭及情緒所糾纏的時候，它內在的光芒及純淨仍然都在的。相對於物質主義者對於心智的看法，佛教禪修者聲稱所有的心智以及官感過程都被身體以及環境所制約了，這些過程事實上是從有分識當中浮現，而不是大腦。

南傳佛教的評論者堅稱，有分識是意識中一種間歇性出現的狀態，只要官感的意識或其它種類認知活動出現時，就會把它打斷。因此，它並不是記憶或任何其它心智印記的持續貯存庫。儘管事實上，有分識被說是覺性自然純淨而發亮的狀態，而且不論心智是否被髒污所遮掩都存在，這個學派，或許是擔心有分識被視為持久而獨立存在的自我，卻否認有分識便是始終存在的基底。

我相信，已經成就奢摩他的大圓滿禪修者能接觸到此一意識向度，只是他們用些許不同的方式來詮釋。「基底意識」（substrate consciousness）——阿賴耶識（alayavijñana），是由如流水般的意識生滅時刻所組成，因此它並不是永久的；而且它被各種的影響所制約，所以它也不是獨立存在的。不過他們的確將它看成是一條意識不停流動的潺潺溪水，所有世俗認知過程出現於此。

在平常人的一生當中，阿賴耶識可在無夢睡眠當中被重複經歷，而最後又在死亡時刻出現。禪修者可以藉由奢摩他修行，來有意識地探索這個意識向度，在其中，蜿蜒綿長的念頭沈沈地睡去，而所有的顯現——自身、別人、自己的身體，以及自己的處境——都消失了。在此時，正如同睡眠以及死亡的狀況下，心智向內而官感沈睡。所留存下來的是一種發亮、清楚的意識狀態，這個狀態是個人心念之中所有顯現浮出之基礎。所有官感和心靈所感知到的現象，都為此一阿賴耶識的清晰所浸潤影響。就像一池靜止透明的水中眾星的倒影，整個現象界外貌也顯現於此一空無、清晰的阿賴耶識之中。

阿賴耶識可說是個人心智的相對底層狀態，因為它伴隨著最低層的活動狀態，有著最多的潛力以及最大的自由度，這些可經由三摩地的修行，讓心放空而達到。例如，一旦一股意識之流由其無夢睡眠底層觸發之後，便可自由地呈現在廣大而各式各樣的夢境及經驗之中。如此超卓的創造力也展現於深度催眠時，因為此時亦接觸到了阿賴耶識。但要進入此一潛能的最有效途徑，則是透過禪修的靜止狀態，清晰地深入、達此阿賴耶識時。此時，人能生動清晰地覺察到此底層，而非無夢睡眠當中通常的遲鈍。佛教禪修者認為，此種對於意識底層狀態完全清醒的了悟，開啟了如湧泉般的巨大創造力；而通常在睡眠及將死之際所經歷到的底層，此創造力則大多被遮蓋掉了。

藉由奢摩他修行而了悟到此阿賴耶識的禪修者，稱此阿賴耶識帶有三種特質：大樂、光明，及無概念性。而這三者讓許多的禪修者把阿賴耶識錯認為實相的最終本質，或曰涅槃。但只是居處於此一相對真空的意識狀態，並不能讓心智從其病苦傾向及所致之苦中解脫。藉由探測阿賴耶識的本質，可以了解到意識在其相對底層狀態的本質。然而此一了解，並不能讓實相的整體本質因此昭然了悟。也不可將此阿賴耶識與集體無意識相互混淆，後者乃榮格所發明。佛教對於阿賴耶識的法教，都稱為個人意識流，由此生延續到來生。

大圓滿傳承將阿賴耶識及阿賴耶（alaya）作了區分，後者被描述為客觀而空無的心智空間。此一真空狀態，就像空間是非物質性的，是一空白、無思考活動的空無，在睡眠時所有官感及心智感知的客觀顯現都消解其中；而在醒來時，這些顯現由此眞空當中，再次浮現。

在此時的奢摩他修行，你的專注能力已可對所有的心智過程都不致分心也不會抓牢。即使是當心智之毒，如渴望、憤怒及妄想出現時，你都可以觀察它們卻不會被纏住。而只要你不抓牢或認同它們，它們便失去了毒性，而不能打擾你心智的平衡。你甚至能釋放這些心智過程，讓它們回復自然狀態，它們不再是心智上的病痛，因此你可以開始探索它們更基本的本質。

當你有所渴望時，你可能會注意到在喜悅滿足的期待之中出現了大樂。你穿透了自身精神上的病痛，而感受到阿賴耶識的一項特質：大樂。不論何時，當渴望出現時，不管是想要擁有財產、惡名、感官享樂，或甚至是成就奢摩他，你都可以專注在渴望之中的大樂。

在憤怒當頭的時候，你可能會發現阿賴耶識的第二項特質，光明。當憤怒加溫時，你可以不被它沖昏頭也不認同於它。相反的，藉著密切注意化身爲憤怒的光明，你開始探測到意識中更深層的本質。

即使是在妄想之中，也存在著阿賴耶識的一個面向：無概念。所以當你經歷到妄想時，注意到它較深層、非病苦的無概念本質。藉由精細的覺知來謹慎注意自己的心智，我們可以開始經驗到阿賴耶識的三項特質——大樂、光明，及無概念性——儘管它們以憤怒、渴望以及妄想的面貌出現。當你被這些心智過程沖昏了頭或者認同於它們，它們便破壞心智的平衡而帶來有害的行爲。然而當你能夠不分心也不抓牢地注意它們時，它們便成了進入阿賴耶識主要特質的門戶。

間奏曲 清晰夢——夜間的練習

隨著你在日間持續開發專注穩定度及活力，你或許也想要應用這些特質，開發出夜間經歷的明光本質。畢竟，我們多數人花費了一輩子近三分之一的時間在睡眠上。既然現在你已獲得精細的專注力，你便準備妥當了，可將生活中睡眠的部分也納入禪修練習中。當你在清晰夢的夜間練習中進行探險時，你可以開始探索清醒與作夢時意識狀態的相似處及不同點。拉伯格（Stephen LaBerge）是此領域的知名研究者，他說：「作夢可被視爲感知的特例，只是在作夢時，少了外在官感刺激。相反的，感知也可被視爲作夢的特例，只是多了官感刺激。」清醒以及作夢狀態下的經驗，兩者間唯一的根本差別是，前者有官感刺激而後者沒有。以我們大腦中的活動來說，作夢夢到感知或做某件事情，其實是和清醒狀態下感知或做這件事密切對應的。而拉伯格認爲，這正是我們常將夢境當眞的原因所在。

要學習作清晰夢有三個基本要求：合適的動機、正確地練習有效的技巧，和高超的夢境回想能力。你可以藉著思考此項練習對於探測意識本質可能帶來的好處，來尋求合適的動機，而你也可以藉著密切注意夢境，並將它們記錄在夢誌裏，來發展出高超的夢境回想能力。在拉伯格最近關於清晰夢的著作《清晰夢：讓你覺醒於夢中》（*Lucid Dreaming: A Concise Guide to Awakening in Your Dreams*）當中，他對於這項練習提供了仔細而實用的指引，在此我將簡要摘錄。

有個技巧直接以前一章間奏曲所討論的日間練習爲基礎，這個技巧稱爲「清晰夢記憶誘導術」。這個練習要求，當你在夜晚上床時，要下定決心——整晚都要記得醒來，並回想所作的夢。只要你一從夢中醒來，就嘗試回想夢境中的細節，愈多愈好，而當你要再度入睡時，讓你的心念專注在這個決定：「當我待會作夢時，會認出是夢。」當你快睡著之際，請你想像自己回到醒來以前所作之夢中。

「由夢引發的清晰夢」——當你在夢中，如果能發現自己在作夢，你便有了由夢引發的清晰夢。能辨識出來，有可能是因爲你將一個強烈或微弱的夢徵辨認出來，也有可能因爲你作惡夢。這是能夠發現身處夢中最常見的方式。

而在「由清醒引發的清晰夢」當中，你從夢中醒來一下，便馬上回去夢中，只是別失去意識。拉伯格這麼描述這個方法：

> 你躺在床上，深度地放鬆，但保持警覺，並將注意力集中在某個重覆或連續的心智活動上。持續做著這事來維持你的內在注意力，也藉此保有你在清醒時

刻的內在意識，同時，你的外在意識漸漸隨睡意而消失，並在你睡著時完全不見。基本用意是，讓你的身體沈睡，但心智要保持清醒。

有許多人會對清晰夢感到裹足不前，是由於他們對於回想夢境感到困難，而即使當他們想起來了，夢境本身可能並不清晰，或所想到的也許模糊不清。這些都是專注力鬆散造成的問題，可以借助奢摩他修行直接加以補救。當你第一次經由清晰夢練習來進行探險時，另一個常見問題是：一發現自己在作夢就會醒過來。即時你沒醒來，夢境可能也開始消退，而清晰度便跟著消失。又或者，夢境雖然繼續，但你卻又不知道是在作夢了。這些問題都來自於專注穩定度的不足，而奢摩他的設計便可以對此加以開發。因此，奢摩他似乎設計得很完美，恰好讓你能把那些清晰夢所需要的專注力品質都給培養成熟。

把夢境遺忘的一個主要原因，是由於其它心智內容競相爭取注意力所造成的干擾，因此，請讓自己在一醒來就有這樣的念頭：「我剛剛夢到了什麼？」就如同在靜坐時，身體移動會打斷專注穩定度，它同樣會破壞夢境的一貫性及連續性，所以，當你剛醒來時，不要移動身體。把你的專注力引導到才剛脫離的夢境上，看看你能否再溜回夢中，同時覺知到正在作夢。

另一個可讓你對清晰夢得心應手的有效辦法是：比平常提早一小時醒來，接著保持清醒三十分鐘到六十分鐘，然後再入睡。這可讓你作清晰夢的發生率提高到二十倍。當你愈來愈熟練，能在任何時候都維持專注穩定度以及活力，不論是在練習中或兩節練習間，不管是清醒還是睡著，隨著你在奢摩他之路上的進程，你將可以對於覺知的本質，得到愈來愈深入的洞察力。

高階三 讓意識發光

第八階：單一的專注力

間奏曲：夢瑜伽——日間的練習

第九階：專注力的平衡

間奏曲：夢瑜伽——夜間的練習

第十階：奢摩他

第八階：單一的專注力

若能持續培養奢摩他，終究會到達第八階段，「單一的專注力」。如今專注力已到高度統一的狀態：不論你將專注力引導到何處，覺知總是連貫而高度專注的。由此繼續，在進行時可以讓練習的動量帶動你，需要的只是一點努力，甚至完全不用。如今你可以維持高層次的「三摩地」（就是高度專注的注意力）至少三小時，完全沒有任何失衡，甚至連最細微的散漫及亢奮都沒有。只有在每節練習開始時，需要極少的努力來掃除這些障礙，而藉著熱切所帶來的力量，你便有足夠動力繼續練習。在奢摩他的路上，你的專注力首次可以不被散漫或亢奮打斷，而在此狀態下的三摩地，其整體品質是靜止。在前面的階段裏，不自主念頭出現的方式，就像是一條緩慢流過河谷的河，而如今，你的心感到平靜，像是大海，不會被波浪所撼動。

如果你希望繼續練習安心於自然狀態，它可以把你一路帶到成就奢摩他。但是現在要呈現在你眼前的，是另外一種修行法，你可能會發現，它對於平衡專注力達到完美的境界來說，是更加有力量的。蓮花生大士把這個技巧稱作培養「不需信號的奢摩他」（shamatha without a sign）。在此「信號」這個字眼，指的是任何可用概念性架構辨識出來的專注力對象。呼吸時的觸感便是一種信號。心智空間以及出現在此空間當中的心智事件，也都是信號。在這兩種練習當中，專注力都被引導到某個對象上（不是在專注力自身），而是和這個對象的關係，開發出穩定度及活力來。

在不用信號的奢摩他練習當中，專注力不用被引導到任何東西上面。而是安放在專注力的本質上，就只是覺知到自身。從字面上來看，你可以說覺知把自身當作對象。但是以經驗來說，是讓你練習不用對象。你僅僅只是讓自己的覺知安歇在自身的內在光明及認知之中，而沒有任何參考物。雖然蓮花生大士將這個方法當作成就奢摩他的方法，然而，這同時也是讓你可以照亮覺性本質的有效方法。

關於周遭實體環境、別人、我們的身體、我們的心智以及我們自己的許多事情，這些我們都知道，或者至少我們「認爲」自己知道。但是在過去四個世紀以來，科學家一再發現，有許多我們相信自己確實知道的事情，結果卻並不正確。有什麼事情我們可以絕對肯定的呢？即使是經過自己最嚴格檢驗的發現，也很少有科學家敢於如此聲稱。正如同笛卡兒以及許多東西方的科學家說過的，獨立、客觀、實體的世界是否存在，也是有疑問的。也許這樣的世界也只是個錯覺。這正是唯心論的基本前提。另一方面，有許多物質主義者聲稱，我們所有的主觀心智經驗都屬於錯覺，而多數的認知科學家也已經得出結論，認爲我們通常以爲擁有具自主性自我的感覺，其實也是錯覺。但是在所有這些不確定性當中，我願意提出，有一件我們可以絕對肯定的事情：

我們知道意識的存在。雖然我們不確定是否有個觀察者——自我，但如果要懷疑具意識的經驗是否存在，則是不合理的。因爲如果沒有具意識的經驗，也就不可能去懷疑它是否存在。

相較於笛卡兒的著名格言：「我思故我在。」前段那句其實是較爲含蓄的宣言。思想是存在的，但這並不必然暗示存在著稱爲「我」的另外一個東西。況且，在開發奢摩他的過程當中，你確實已發現，在某些時候，思想不見了。而對於這件事，覺知確實仍存在，姑且不論是否另外存在著對於此事具意識的觀察者。能覺知到自己是覺知的，仍是有可能的。請你想像，有個思想的實驗，讓你浸泡在所有官感都被剝奪的水槽中，其效能之高讓你失去所有對自己身體及實體環境的官感覺知。你只能覺知到自己的心智空間，以及出現在該空間的念頭、影像、欲念、情緒等等。再來，請你想像此覺知空間的所有內容也被掃除了。就連一個信號——一個你可以由概念上辨認出來、投注注意力的對象——也沒有，卻仍存在著一個純然光明的覺知，和對於覺知的認知。你的心智回到了它最赤裸裸的本質，一個相對而言眞空的狀態。但你的意識仍可以照亮這片空無。而這個覺知是本來就有的、是靜止的、也是具活力的。你先前藉著奢摩他修行而發展出來的專注力品質，其實本來就內含在覺知的本質裏面。它們只是在那兒，等你來揭露而已。

練習：覺知到你的覺知

當你把自己的身體及心智安放在自然狀態之後，你可以單純地覺知到自己在覺知。你並不需要眞的身處剝奪官感的水槽中，而你的心智也不需完全靜默。你可以馬上很有把握地知道，意識是存在的，而因爲沒有其它的覺知對象，你可以針對這份覺知，培養專注穩定度及活力。讓我們來看看蓮花生大士對於這個成就奢摩他方式當中最細微的一種，是怎麼說的：

平穩注視著你的面前，不要靜思任何東西，持續集中意識在你前方的空間中，不要搖擺。增加你專注的穩定度，然後再次放鬆。偶爾試著回答這個問題：「這個正在專注的意識是什麼？」再度平穩地專注，然後再試著回答。就這樣交叉地做，即使存在著散漫及昏沉的問題，這麼做便可以把它們趕走……

將你的目光往下移動，緩緩放開你的心智，但不要靜思任何東西，舒緩地讓你的身體及心智進入它們的自然狀態。沒有禪修的對象，也沒有調整或混雜，讓你的專注力不搖擺地安歇在它自身的自然狀態中，在它自然的清明當中，在它自身的性質中，就是讓它當它自己。停留在這個明亮的狀態中，讓你的心智安歇，讓它可以放鬆而自由。交替地觀察那個內在正專心著的，以及那個正在放鬆的。如果你認爲那就是心智，問：「放開心智及專心的是誰？」持續觀察自己，然後再次放鬆。如此做來，細緻的穩定度就會出現，你甚至可以辨認出初始的覺性來……

如果你變得渾沌而不再專心時，你已經滑入散漫之中，或說遲鈍之中。所以要處理這個問題，再次提升你的覺知，並且轉移你的目光。如果你變得分心或亢奮了，要記得將目光放低並且放掉你的覺知。如果三摩地出現時，你找不到東西可以說：「這就是禪修。」以及「這就是概念化。」那表示你滑入茫茫的狀態，那麼就以專心及放鬆交替的方式來禪修，並且要辨認出是誰在禪修。如此做來，你便可看出你在奢摩他練習上的弊病，而馬上將它們消除。

回想剛剛的練習

在前面的指引當中，蓮花生大士所讓你面對的挑戰，是讓自己作爲觀察者，檢驗你個人身份的性質；以及作爲代表，做出選擇並落實。雖然他把這項練習當作成就奢摩他的一項工具，事實上，根據你提出問題，並且對於自身經驗的本質進行探究這兩件事來看，這項練習也可以被視爲是觀（或洞察力）的練習。

現代的認知科學家，同樣也在挑戰我們平日對於自我以及意志力本質的認定，而他們多數已有結論，也就是意志力的源頭在大腦。佛教徒雖然同意大腦會影響意志力，但是神經生物學還沒有提出任何有力的證據，可證明大腦是意志力的源頭——尤其如果當這句話暗示的是，大腦是唯一能夠產生意志力的地方時。神經科學家只研究心智過程的生理成因，所以當然沒有辦法辨識出任何其它種類的成因。但這並不表示非生理的因素不存在或不可能存在。佛教徒主要是從內觀的觀點來研究心智，而找出了許多意志力的成因，但卻不能說這些成因都是生理上的。

「意志力是經由大腦來發生效力」的假設，並不違反任何物理上的法則，也跟佛教的說法可以完美地相容，但這並不表示我們必須接受所謂的封閉原則——在實體世界中，所有造成影響的因素也都是實體的。在封閉原則中，最可能找到的瑕疵，來自能量時間海森堡測不準原理（energy-time Heisenberg Uncertainty Principle）。根據這個原理，非實體的因素可能會在非常短暫的瞬間之中偷偷潛入，而沒有違背質能守恆原理（Principle of the Conservation of Mass-Energy），而這些短暫的瞬間可能帶來巨觀世界當中可測量到的效應。但這並不能證明得以影響實體世界的非實體因素存在（既然物理學家的工具只能測量實體的現象，即使這些因素存在，它們又如何能夠被檢測出來呢？），卻確實指出了此種影響因素並不違背任何的物理定律。

神經科學家威格納（Daniel M. Wegner）在其著作《具意識的意志是一項錯覺》（*The Illusion of Conscious Will*）中，報導了關於大腦運作機制與意志力相關的研究，而起始的假設是，大腦中的生理過程足以產生所有的心智過程。也因此，當他最後提出結論時，並不令人感到奇怪：「我們每個人似乎都具備有意識的意志力。我們似乎具有自我。我們似乎也有心智。我們似乎可以自主行動。我們的行為似乎是自己造就的……把這些稱為錯覺確實讓人有從夢中醒來的感覺，而這麼說終究會是正確的。」

對於神經事件如何影響心智事件，以及反向的影響又是如何，目前相關的科學知識仍然十分缺乏，在這樣的情況下，威格納對於身心互動提出的任一項「終究會是正確」的說法，都顯得格外聳動。甚至，他所宣稱的看法有著立即的隱含意義，對此他將科學的權威孤注一擲了——也就是，在道德上，沒有人需要為自身的行動負責。如果這是根據毫無異議、廣為接受的科學事實所得之無法避免的結論，那麼我們必須將此結論應用在我們的法律條文，以及我們對人類行為的整體評估上。但，威格納其實是以眾多物質主義者的成見作為起點，驟下結論的，而這些成見是一個多世紀前的心理學家及大腦科學家所共有的假設。他只是發現了一些局限的實證證據，來支持一個本來已經存在的假設。

我們來考慮一個比喻，如果一個樂團在演奏貝多芬的「田園交響曲」時，有一位研究者單單測量樂器產生的震動，發現在任何人可以聽到音樂之前，這些樂器就以特殊的方式在震動，所以他可能提出一個結論：那些震動是交響樂唯一的成因。但他遺漏了作曲者、指揮、演奏者的技巧及心理狀態、聽眾等等所扮演的角色。雖然樂器的震動的確在音樂產生上扮演了一個極重要的角色，但由於他用消去法來研究，所以他看不到許許多多其它的影響因素，他也不會知道有許多人可在自己的腦袋中作曲和演奏曲調，而不需要樂器的震動來扮演任何角色。

探察初始覺性

佛教的禪修者已經有了結論，他們認爲，大腦制約了心智，對於某些特定心智過程的出現，大腦確屬必要，而由於大腦的存在，阿賴耶識才得以成形，人類的精神面則由此一一體現於一世又一世生命中、潛藏的意識之流中浮現。這個理論相容於所有關於心智和大腦的當代科學知識，所以並沒有不合理的地方，而對於高階佛教禪修者來說，它也並非僅基於信仰而有的想法。一個對於科學家而言純粹是宗教信仰或哲學猜想的東西，對於佛教禪修者來說，卻可能是一件已得到經驗證實的假設。科學和形而上學之間的區別，是決定於經驗性探索的極限，而不是決定於大自然或上帝。

開發奢摩他是廣爲人知、用來探察心智相對本質的方法，此相對本質就是上一章討論到的阿賴耶識。但如蓮花生大士所說的，對於探察初始覺性的本質，在某些情況下，練習不用信號的奢摩他可能便已足夠。這是一項完全不用活動的練習。你所做的就是覺察到你正在覺知，但實際上你並沒有做任何事情。出於錯覺而以為擁有的獨立自我，被暫時放掉了，這對於那些獨特而「眼睛少被塵埃矇蔽」❶的人來說，或許已足夠可以用來探測心智的究極本質，及其與實相整體的關係。

阿賴耶識可被看成是心智的相對底層狀態，而相對的，初始覺性（藏文：rigpa心性／本覺，梵文：vidya明）或許會被形容為意識的絕對底層狀態。後者又被稱為本初意識（primordial consciousness）（jnana智慧），要成就此一究極向度的意識，正是大圓滿法教的中心主題之一。此一狀態伴隨著最低度的心智活動狀態，意識也擁有最大的潛力以及最高程度的自由度。在此，與本初意識無法切割開的，是絕對的現象空間（dharmadhatu法界），而此空間超越了外在空間與內在空間的二元性。

從這個與本初意識並無分別的空間中，浮現出我們經驗世界之所有現象。所有於

譯註

❶（增一）《阿含經》當中的相應部《梵天勸請經》，提到佛陀在剛證悟時，曾經對於說法這項新課題感到困難，而在費神之際，梵天，這位印度古代的最高神祇得知後示現佛陀面前，恭請他為眾生說法。其中便有「世間仍有眼睛少被塵埃矇蔽的人將會墮落」的話語，用以說服佛陀。循其下文，可以推論此一字眼所指的應是在證悟之道上根器較高的人。

外在空間及內在空間出現的物件、時間、物質、意識，都是由這個絕對的現象空間中出現，而這些東西構成了此空間的形態。在有限而相對眞空的阿賴耶之中，正如在深度睡眠時，某人特定的心智事件會出現，再消解回到意識的主觀空間當中。但在時間與空間中的所有現象，是由絕對的現象空間浮現出來，並且消解回到此一空間——一個永恆而無限的眞空。阿賴耶的相對眞空可以藉由培養奢摩他而了解，而此一絕對的眞空通常只能經由培養觀來了解。

透過本初意識由經驗上來了解絕對空間，會帶你超越所有的分別：主體及客體、心智及物質，甚至所有的文字及概念。此一洞察力並非來自意識的某個主觀模式與某個客觀空間的相遇，而是由於對於絕對空間及本初意識內在的「一體性」得到非二元的認識。絕對的現象空間是經驗世界的基本本質，而本初意識則是心智的基本本質。所有主體與客體、心智與物質這些分別，可視為僅僅是概念上虛構出來的。

絕對空間與本初意識合而爲一時，就是大圓滿，而此亦常被稱爲所有現象的「一味」（one taste）。阿賴耶識可以被稱爲意識的一個相對或虛構的眞空狀態，因爲它並不同於它所確認的底層；它是以分別經驗到大樂、光明，及無概念性作爲條件；它是當心智由外在世界退縮回來時得到確認的；而且它受限於時間及因果律，也就特定於某個人。因此，儘管它是空虛的，卻還是有個內在的結構。而另一方面，絕對空間與本初意識的一體則是眞正而絕對的眞空。雖然它也帶有大樂、明亮，以及無概念性等特質，但這些特質並非個別出現（如它們在阿賴耶識當中時）。

當一個人經由成就奢摩他而了解阿賴耶識時，心智方面的病苦只是暫時被壓抑，但如果了解到本初意識，據說所有心智的病苦（煩惱）以及障礙（障）都會永遠消除。同樣的，當你安歇在意識的相對底層狀態時，你所感受到的喜樂是局限而短暫的，而內含於本初意識的絕對底層狀態，其難以想像的大樂卻是沒有局限而且永恆的。當你了解到阿賴耶識時，你便知道個人意識的相對本質，但如果你了解到本初意識時，覺知的範圍卻是沒有疆界的。同樣的，經由奢摩他而得的意識創造潛力是有限的，而經由終極的禪修洞察力所披露的創造潛能據說是無限的。因此，當佛陀說到意識的絕對底層狀態時，他是這麼聲稱：「所有的現象跟隨著心智。當你了解心智，也就了解所有的現象。能夠將心智控制好，所有的事情也就能夠控制好。」

間奏曲

夢瑜伽——日間的練習

用你敏銳的專注力，密切注意所有出現的事物，對於清醒時刻的實相本質，也會有愈來愈清楚的覺知，而此一覺知會在夜間回報給你清晰的夢境。在為清晰夢做準備的日間練習中，你已記錄過夢徵，也做過狀態檢查來判定自己是清醒或在夢中。以佛教徒的觀點來看，我們所有的人都還不是佛（或覺悟者），我們的生活就好像在作夢一樣。因此，在這個間奏曲中所呈現的日間練習，是要幫助我們了解清醒時實相的虛妄本質。

根據佛教徒的古典哲學，眞正的現象，是那些會影響其它現象而也被其它現象所影響的現象；而不眞實的現象，是那些僅由概念上投射於感知經驗世界中的現象。有三種眞正的現象：一、物質現象，這些是由基本粒子所組成；二、認知現象，這些現象會有意識地理解它的對象；三、抽象的構成，例如時間、公義、制度，以及民族。不眞實的現象是存在的，但必須經由共同約定而形成，且它們自身並無因果上的效力。不眞實的現象包括了如國與國之間的國界、所有權，以及名稱等東西，都是概念上的指稱，是社群中人們所同意的，因此是「為他們」而存在的，然而，一旦離開了共同約定，它們便不存在。

除了這些有根據的約定之外，我們還會在概念上投射出一些東西，但實際上卻是完全沒有根據。在古典的佛教世界觀中，我們容易把東西想像成比實際上更靜態而持久。也因此，我們容易把無常的東西錯以爲恆久。我們也會把財富、名聲，以及感官的享樂等，視爲快樂之源，雖然在現實上它們並不是。也因此，我們會把並非眞能讓我們滿足的東西錯認爲可以。第三點，我們常會把那些經由非個人的緣由及狀況而出現、實際上只是現象的東西，看成是「我」或者「我的」。因爲如此，我們會把並非不變、單一、獨立的自我，錯認爲是這樣的自我，或錯以爲屬於這樣的自我。

藉著專心和敏銳地注意所有感知——物質的、心智的及其它，我們可以開始分辨，哪些屬於自身的官感經驗，哪些屬於概念投射的產物。如此，我們可以開始發現，在清醒時刻的經驗其虛妄的程度有多少。然而，我們的經驗世界本質上如夢的程度，可能比上述的要嚴重許多。佛陀在《般若波羅蜜多經》中所說的便更加極端，他說我們在清醒時刻的經驗，根本不比作夢時更眞實。在非清晰夢裏，我們會把所有客觀及主觀的顯現，都錯以爲本來就是眞的、本來就存在。同樣的，我們在通常（非清晰）的清醒狀態下，也在做相同的事，我們把實體世界看成是眞的「在那裏」、獨立於我們的概念建構而存在；我們也會抓牢自己的想法和其它主觀的經驗，以爲這些都是眞的「在裏面」、以它們自有的本質存在著。以哲學術語來說，我們把清醒及睡眠時所有經驗到的東西都「眞實化」了，或者說，將它們投射爲一個有實體、獨立的存在。

所有的佛教哲學學派都知道，試圖探測一個似乎獨立存在於心智外的世界，同時這個心智還嘗試要了解這個世界，這樣會帶來問題。在「中道」或中觀哲學中（此哲學之於古典佛教哲學的關係，相當於愛因斯坦的相對論之於古典物理學），只有相對於特定的認知參考架構時，實相才可能被了解。主體與客體始終是互相關聯的，而且任一者無法沒有對方而存在，這意指一種普遍、存在本體的相互性。正如同愛因斯坦駁斥絕對空間這個觀念，中觀派也駁斥絕對客觀的實體世界及絕對主觀心智的存在。我們對於主體、客體及心、物的觀念，是人類心智所創造的概念架構物，而當它們離開我們的概念架構時，便失去了意義。

由中觀的觀點來看，所有已知的事物都是相對於感知及概念框架而存在，而它們也是經由這些框架而被認識的。感知到的紅色，並不能獨立於視覺覺知而存在，而數學和科學所主張的任何實體，從非歐幾里德幾何學到超弦理論、到銀河星團，如果獨立於那些想像它們的心智之外，也並不存在。現象不折不扣確實是依賴我們對它們的概念指稱才存在。

現象「看起來」似乎本來就存在，獨立於我們概念架構外，而我們抓牢它們，將它們錯認爲就是看起來的樣子。但這樣一來，只是讓所有經驗的如夢本質更加延續。當你在夢中變得清醒時，也會開始看出來，事情並非如表面上看到的樣子，如今，你的挑戰則是要看出，在清醒時的事物並不比在夢中更眞實，也就是此二者在如夢本質上相近的程度。

日間的夢瑜伽練習

夢瑜伽的日間練習方式，可先從古典的佛教哲學觀點出發，然後再以相對論式的中觀方式進行。藉著密切的專注，任何看來具有永久性、最終可帶來滿足的東西，以及歸屬於一個獨立的自我之物，你都可把它當作你的「夢徵」。清醒地面對這個事實：你正將自身的概念投射與當下的經驗結合在一起；並且記得佛陀所說的：「在所見之中只有所見；在所聽之中只有所聽；在所感之中只有所感；在心所視之中只有心視。」

而當你將中觀的看法加入你的日間練習時，可試著跟隨蓮花生大士的指導：

是像這樣的：所有的現象並非〔本來〕存在，但它們看起來存在，而且被認定爲各種事物，如白色、紅色。無常的被當作恆久，不是眞正存在的也被當成眞的存在。雖然說，造成一切存在結合的緣由，就像是個錯覺，然而因爲把有著騙人外表的存在以爲是眞的，現象如今便好像眞的存在了。這些原來是起自於非實質，即使並非〔本來〕存在，如今它們卻出現了，而最終它們將會變成不存在。請思考：因爲這些事物並沒有常性、穩定性或不變異性，也就沒有固有的本質，它們就像是錯覺。

不論何時，當你經驗到任何獨立存在於你的概念架構之外的事物，要看出其如夢的本質，如此，你可在清醒狀態下開始變得心智清晰。

第九階：專注力的平衡

你只需付出最少的努力，就可從第八個專注力階段前進到第九階段——專注力的平衡。你現在已能維持完美無瑕的三摩地，可以毫不費力、連續地進行至少四個鐘頭。由於你已經十分熟習這項訓練，所以可完全不費力地進入禪修的平衡狀態中，即使是最細微的散漫及亢奮都不會發生。這並不是說你的專注力不會再次出現失衡狀態；如果由於某個因素而讓你停止練習，你會發現散漫及亢奮還是會漸漸耗損你的專注平衡狀態。因此，這些毛病並非再也不會出現。但如果你能維持一種適合於禪修的生活型態，並規律練習以保持專注力的犀利度，這種讓人驚訝的健全神智便會一輩子都屬於你。

要到達這個程度，幾乎需要很多個月、甚至好幾年的連續專職修行。如果只是密集的短練習、練習之間又常中斷，那麼永遠不會成功。同樣的道理，如果在幾週或幾個月當中，進行多次短暫閉關修行，也無法達到奢摩他修行的較高級階段。它所需要的是長期而不中斷的連續修行。這條路上並沒有捷徑。

那些已達第九階段專注力平衡的禪修者，將此經驗特質以簡單「完美」二字來形容。心智已到達更爲深度的靜止及祥和的狀態，可說是像到了須彌山（Mount Meru）❶，也就是群山的王者。如果要說你現在已成就了奢摩他，也說得過去，因爲你幾乎就快到了。

練習：不用對象的覺知

蓮花生大士對於除了覺知本身、沒有其它對象的奢摩他練習，提供了很精要的指引，如下：

> 將你的目光引導到眼前的空間之中。所有關於過去的、未來的和現在的，以及無漏的、有漏的和道德上中性的念頭，還有這三段時間當中念頭的興起、聚集和消散，所有這些都要確實、完全地切斷。腦中不要有任何概念。讓你的心就像沒有雲彩的天空，清澈、空虛，而且不抓取任何東西；讓心安住在全然的虛空之中。如此一來，將會出現的靜寂是大樂、光明而無概念的。檢查看看是否出現了執著、仇恨、纏繞、抓牢、散漫或亢奮，並且要看出美德及罪惡之間的分別。

回想剛剛的練習

雖然西藏佛教所有學派都有著相同的基本哲學觀點，但對於本初意識的理解，自遠久以來卻一直引起爭議。差別之處在於，覺悟意識究竟是要被培養的，還是僅需被揭露。對於專注力禪修，這項爭議有其實際上的意涵。

藏傳佛教中主要和寧瑪派相關的大圓滿傳承，以及主要和噶舉派相關的大手印傳承，將初始覺性視爲意識的完美覺悟狀態，是本來就存在的，只是被心智的病苦及其它障礙所遮蔽了。既然他們相信本初意識（或佛性）的所有特質是內含於一般人的意識裏，那麼超卓的專注穩定度也就被認爲是覺知自身本質的一部份。而在最後，這些特質並不需要被發展出來，它們只是等著被發現，而上述練習正是爲了這個目的而設計的。

藏傳佛教的格魯派和薩迦派一般則把佛性當成我們能成就覺悟的「潛在能力」，但是必須以各種方式來開發心智，才能夠成就佛的智慧、慈悲，及創造力等各種無法估

譯註

❶印度神話中諸神居住的地方，代表宇宙的中心。或譯為妙高山或梅魯山。

量的特質。因此，格魯派和薩迦派也最常強調，讓心智專注於禪修對境來開發穩定度及活力的奢摩他技巧。

然而，就像寧瑪派及噶舉派喇嘛經常會傳授各種使用禪修對境的奢摩他技巧，格魯派和薩迦派喇嘛也認可安放覺知在其自身狀態的奢摩他修行有其價值。所以不應該將他們之間的差別看得太死板。十五世紀時創立格魯派的宗喀巴，曾如此描述此項修行：

在培養單純的無概念性專注力時，不要專心於任何對境（如某一神祇），要如此下定決心：「我會安放我的心，而不會想到任何對境。」然後，別讓專注力分散，避免分心。

第一世班禪喇嘛同樣屬於格魯派，則是如此描述此項修行：

對於觀念的形成，要保持不鬆懈的態度，而每次當你觀察所出現的任何觀念形成之本質時，這些念頭就會自行消失，隨後會出現虛空。同樣的，如果你在心沒有波盪的情形下也作檢視，你會發現一個未被遮蔽、清澈而有活力的虛空。在此，前後兩者的狀態，並沒有任何差別。在禪修者之間，這是一件值得稱道的事，叫做「靜止及分散的融合」。

最後，已故的薩迦派大師德松仁波切（Deshung Rinpoche）在討論到「不自然是『自然的』嗎？」這個問題的時候，如此解釋這個技巧：

請你這樣來靜坐：用正確的靜坐姿勢坐下來，儘量感到自然爲宜。注意力停留在當下，而不是過去或未來。當你這樣坐下來的時候，你會發現，不自然也是「自然的」。念頭會出現。重點在於不要爲了這些念頭而煩惱，只要讓它們過去，讓自己安歇在心智清晰的那一面裏頭。如此，你會得到洞察力；然後，你可以穩定地開發這項洞見能力，即使在做別的活動時也能夠維持。到那時，對於現象空性的覺知將永遠跟隨著你。

關於前面安歇在心智清晰面的練習，德松仁波切宣稱這項練習可以造就對於空性的了解，而空性正是現象的最終本質。蓮花生大士在說明不用對境的奢摩他練習時，提到以此方式禪修甚至可讓人看出初始覺性。但是，必須強調的是，只有在極爲罕見的情況下，才能經由任一種奢摩他修行直接獲致對於空性或初始覺性的洞見。奢摩他修行的目的，是要發展或揭示出專注力的穩定度及活力。這就像是爲了精確深入觀察心智現象及意識自身之本質，而開發出一個望遠鏡。如此來看，奢摩他就像是「禪修科技」，而觀的修行則像是一種「禪修科學」。奢摩他及觀的順序如此有其道理：先琢磨專注力，再用它來探詢及淨化心智，而心智只有經由第一人的角度來觀察，方能直接檢視。

佛陀曾經在無數場合中強調這個順序，就像某次，他提出這個問題：「僧眾，到底什麼是了解事情和對事情建立看法的充分條件？」而答道：「答案應該是『專心』（三摩地）。」蓮花戒也呼應相同主題，他說：「因爲心智就像河流一般地移動，沒有靜止作爲基礎，心智不會停留。沒有建立在平衡狀態上的心智，是無法了解實相的。佛陀也說過：『建立在平衡狀態上的心智，會知道實相的本質。』」而當寂天說：「當人了解到經由奢摩他而獲得洞察力，便能夠除去心智上的病苦，他便知道應該先求取奢摩他的境界」，他這麼說，也等於在代表整個大乘傳承發言。

許多藏傳佛教學生，都會被傳授密續虔誠的前行，並且被鼓勵要專注於這些修行，直到完成爲止。這就帶來一個問題，是要先成就奢摩他，再來進行這些初步修行，還是要倒過來做。先完成奢摩他的好處是，你可以在這些初步練習當中，使用自己經過琢磨的專注力，因此可以大幅加強這些練習的效果。而另一方面，如果你先完成初步修行，這會讓你的心智淨化，也會讓你在修行奢摩他時少一些障礙。已故的卡盧仁波切是一位卓越的噶舉派禪修大師，他對此的回應是：奢摩他的成就是需要的，但是上述兩種順序都可以，要看你自身個性來決定。

奢摩他在佛教的禪修中有著舉足輕重的地位，關於這點是有廣泛共識的，因此你可能會預期，到處都有人進行這項修持，而且已經有很多人完成。很奇怪的事情是，長久以來，在藏傳佛教徒禪修者之間，都有一種共同而強烈的傾向，比較喜歡更高階的修行法，而把奢摩他邊緣化。在第十五世紀時，宗喀巴便談到這項忽視：「即使只說成就奢摩他，這樣的人似乎還是很少。」而在四個世紀之後，敦珠．林巴如此說：「在此末法時期，於未經琢磨的人當中，即使只是短暫的穩定，也少有人成就。」

在多次與老經驗隱士及尊貴的達賴喇嘛談話當中，我都想知道這句話到今天是不是仍然成立。他們共同的看法是，今天的藏傳佛教裏，不論在西藏或在流亡的禪修者當中，實際上成就奢摩他的人並非沒有，但仍非常少。

斯里蘭卡南傳佛教學者暨禪修者淨慈尊者（Balangoda Anandamaitreya）告訴我，儘管在他的國家有許多隱居處所，有數百個佛教禪修者在當中修行，卻只有幾個人成就了眞正的奢摩他。多數幾乎只專心於觀的修行，有時還完全排除奢摩他。

奢摩他修行在佛教出現之前就存在了，而有些佛教徒，基於奢摩他修行本身並不能解放心智，而根本就不將它列入考慮。有些大乘佛教徒，則基於奢摩他是南傳佛教（他們將南傳佛教視爲較低下的性靈修行法）所熟悉的修行方法，而將它邊緣化。有些藏傳佛教徒也忽略它，而比較喜歡更爲隱密的密教修行法。總而言之，這些人並沒有認眞看待佛陀的教導，以及自身傳承中最有權威的禪修者所說的話。

成就奢摩他並不表示你已經了解空性，即佛教徒解脫所必須、如基石般的洞察力。而了解空性也不表示你已經認出初始覺性。即使沒有成就奢摩他，也可能對於空性獲得一些洞察，然而此種理解將無法持久，也無法完全淨化你的心智，讓它不再受到病苦。同樣道理，你可能因接受過某些「指出教導」，而讓你經驗到初始覺性，但如果沒有深深培養你的專注穩定度及活力，想維持這樣的經驗是不大可能的。

間奏曲 夢瑜伽——夜間的練習

純熟於夢瑜伽的禪修者有了清晰夢後會感到滿足，他們所經驗到的所有事物恰恰是想研究的現象，現象全由意識所構築的。清晰夢對於以第一人角度來研究心智而言，就像個完美的實驗室。要確保研究能順利進行，有許多因素需要考慮：一、他們需維持合於道德的生活方式，以培養心智平衡並經由禪修而得洞察力；二、他們必須發展出高度的心智平衡，尤其是奢摩他，如此他們才算準備好，可經由經驗來探測意識本質；三、他們需知如何用觀及其它模式的禪修方法，來對心智進行嚴格檢視。

夢瑜伽夜間練習中的第一步，是要看出自己在作夢，且能維持此一辨識的穩定度及活力。第二步則是，練習將夢境的內容轉換；不論是你在夢境中的自身，或者那些看起來「客觀」的所有事物。即使你很清楚、能看出夢境狀態，夢境中的現象看起來仍像是「出自於它們本身」，獨立於你的經驗及概念架構而存在著。

譬如，當你注視著一堵牆時，你會覺得它堅固而冷硬，如果你伸出手來觸摸，也會證實那種感覺。但是，夢中的牆壁並不是由質、能來構成的，它並不具原子密度，你夢中的身體也一樣，因此若要說你不能穿牆而過，實在沒道理。儘管如此，多數作清晰夢的人，仍在穿牆時會遇上困難——至少在第一次嘗試時。即使他們「知道」，除了他們本身所感受到的，牆壁並不眞的客觀存在，他們依舊無法穿越。有些人還頗具獨創性，發現他們可以倒退走，來穿越牆壁。還有人報告說，當他第一次嘗試時，可以走到一半，然後便卡住了，就好像牆壁是凝膠般的物質所構成的。有許多作清晰夢的人發現，要飛起來相當容易，但要在水上行走以及穿過堅實的物體，則比較具挑戰性。在夢瑜伽這個階段中，請你持續嘗試轉換各種夢境中的現象，看看是否有任何東西能客觀地抗拒你的想像力。如此嘗試，你便可開始探知夢中意識的本質及其創造的力量。

當你長時間進行這種練習時，可能會觸發你作惡夢；在夢瑜伽的第三階段，當你遭遇到恐怖的東西及狀況，你所要做的並不是將它們轉換，而是向它們投降，但你必須十分清楚這件事：在夢境中，沒有東西可以傷害你。這裏跟早先安心於自然狀態的練習是類似的，那時你便已看出，不論思想是否已停止，都沒有東西可以傷害你的心智。出現在夢境當中的你及其它東西，都是意識讓人發生錯覺的演出，只要你不把它們眞實化，將它們誤認爲比實際上還要眞實、具有實體，便沒有東西會傷害你。

在夢瑜伽更進一步的階段裏，你要釋放所作的夢，讓夢消失、回到心智空間裏，然後安歇在對於覺知自身的覺知之中，安靜而明亮，沒有任何其它的內涵。此時也就是在無夢睡眠中保持清晰的狀態，你可能會了解到阿賴耶識，甚至初始覺性。對此，日間所做的不用對境的奢摩他修行，恰是一個極佳的準備工作。

藏傳佛教在傳統上把（一）入睡，（二）作夢，（三）醒來這些過程，對應到（一）將死，（二）死後及來生之間的過渡狀態（中陰），（三）投胎，這三個過程。由此來看，每一個從日到夜的週期，就是由死亡到投胎的縮小版。也因此，藏傳佛教徒修行夢瑜伽的主要原因，確實是爲死後的中間狀態作準備，據說此狀態有如夢境。如果你無法辨識出此中間狀態，你會很單純地、因著習性來對此轉換期間所發生的事做出反應，正如你在非清晰的夢境中一樣。但如果你可看出這個中間狀態，而且能對此階段的存在本質保持清楚的覺知，你便打開了自由的所有向度，如同在清晰夢境中。如此一來，你便開始能在所有意識狀態中保持性靈的覺醒——無論是在日間、禪修時、無夢睡眠裏或作夢時。你的整個生命便轉化成隨時都進行著性靈的修行。

夜間的夢瑜伽練習

關於夢瑜伽的夜間練習，我們要再次來看蓮花生大士的教導：

> 以睡獅的姿勢躺下，並試著興起一股想辨認出作夢狀態的強烈熱望；在這麼做時，試著不被任何其它念頭打斷，而直接入睡。即使在首次嘗試時不能完全

領略，仍試著重複多次，而且做的時候要帶著熱切誠懇的期盼。在早晨醒來時，強烈而清楚地這麼想：「當我醒來時，昨晚所作的每個夢都已經不在了。同樣的，在日間出現的每件事物，都不會出現在晚上的夢中。日間的夢以及夜間的夢，並沒有差別，它們都是幻象，它們都是夢……」

一開始會出現更多的夢，然後夢會變得愈來愈清楚，而夢境變得可瞭解。當你處於可怕的情境時，可以很容易就辨認出來是在夢中。想要當時就瞭解並不容易，但如果眞的做到了，就會變得穩定了……

當你試著瞭解夢境時，要想：「既然這個身體是夢中的身體，我就可以把它轉換成任何樣子。」不論在夢境中出現了什麼，魔鬼的身影、猴子、人、狗等等，練習用發散出去的方式增加它們的數量，並且把它們變成任何你想要的東西……

要看穿你的夢境：看出是夢境之後，走到一條大河的河岸上，然後想：「既然我的身體是夢中的身體，河水應該沒辦法把我帶走。」然後跳進河裏，你會被一股喜樂而空無的水流帶走。剛開始會因爲對自我的執著而不敢跳，但等你習慣了就不會如此。同樣方式，你也會因看穿這些東西：火、斷崖及食肉的野獸，所有的恐懼將會出現，當三摩地……

以睡獅的姿勢躺下來，頭朝著北方。稍微屏著呼吸，頸部微彎，讓你的視線穩定地向上看。讓你的注意力清楚而帶著活力地集中在你觀想出來的、一顆位於心臟部位的白色光球。對於光的本質保持清楚而有活力的覺知，然後入睡。在夢中，覺知的清明之光，會像是平靜空間的本質，清澈而空無，沒有智能的干擾。

「睡獅的姿勢」是以你的右側身體躺下，把右手放在右臉頰下方，而把左手放在左大腿上。據說這就是佛陀圓寂時的姿勢，而從那時起，這個姿勢就因適合讓人在睡眠時練習專注，而被強烈推薦。

根據藏傳佛教，夢中出現的東西來自於阿賴耶識，也消失於阿賴耶識。既然它們全是由你自身意識所構成，而又沒有來自肉身的官感刺激所帶來限制，因此它們可被隨意變換，但前提是，你必須完全了解自己是在夢中。我們多數的人都以爲，在清醒時自己的腦筋很清楚，清楚知道我們存在的本質；但跟佛陀相比，我們就像是夢遊的人，就像是在非清晰的夢境當中一路走過生與死。根據大圓滿法教，整個宇宙所有的東西都是由初始覺知，及絕對現象空間所形成的根本一體當中出現的現象所構成。如果我們以這個觀點來看待實相，而不是從一個有限的個人心靈來看，那麼整個世界就像是一場夢，而我們就是作夢的人。對於那些眞正覺悟的人來說，自由所帶來的潛能是無限的。

第十階：奢摩他

當你完成第九階段的專注力平衡之後，再經過幾個月或幾年連續全職的修行，就到了要成就奢摩他的時機。前面九個階段所伴隨的許多改變是累加起來的，但在實際完成奢摩他時，卻會出現身心上劇烈的變化。你會像是一隻蝴蝶脫繭而出。這個變化的特別之處，是在一段很短暫的時間裏會發生的一些特定經驗。

根據印度—西藏佛教傳統說法，成就奢摩他的第一個徵兆是，在頭頂有沈重、麻木的感覺。不論經歷這項變化的人是修持哪種方法，據說他們都經歷到上述的感覺，就像是有隻手掌放在你已剃光的頭頂。不會不舒服、也沒有傷害，只是有些不尋常。

此時在你大腦的皮質區，一定發生了不平凡的事，但到目前爲止，還沒有人用核磁共振攝影或電腦圖儀來觀測此種變化與大腦的相關性。這種位於頭頂的生理感覺，是你的神經系統（或是生命能量網絡）發生轉變的一個症候，而這又與脫離心智失調有相關性，即一般性心智失衡狀態，會感到僵硬、不靈活、無法隨心所欲等。結果是，你的心智達到一種柔軟狀態，就好像你的心智從來不曾這麼健康、有彈性。

從一個禪修者的觀點來看，當心智失調時，或者說容易散漫及亢奮時，要產生熱情來治療心智的病苦，或讓自己投身於良善的心智活動，都很困難。只要脫離了這些心智失調狀態，你便可將心智專注於有意義的對象或工作上，而不會遇到阻礙，如此心智便可謂健全，或者說能有所用。而這正是讓心智得以發揮到最佳程度的途徑。

在頭頂感到有壓力之後，你會經驗到體內生命能量的移動，而當它們流經身體上下的所有地方後，你會感覺好像被這個動態能量灌注了力量。你也脫離身體失調的狀況了，你的身體會覺得從來沒有這麼輕盈，好像會飄起來。你的身與心如今都有超卓的柔軟度，這使它們非常健全，可從事各種心智訓練及其它有意義的活動。

當身體的柔軟剛出現時，生命能量會在身體上觸發一種非凡的喜樂感，而進一步在心智上帶來同樣非凡的喜樂。此突然出現在身心上的狂喜，只是一時的——這是件好事，因爲它會完全擄獲你的注意力，除了享受那些感受外，你實在已沒法子做什麼事。當它漸漸消退後，你才有辦法從這種強烈愉悅所帶來的混亂解脫。你的專注力安住在完美的穩定與活力之中。你成就奢摩他了。

蓮花生大士如此描述這個狀態：

完美無瑕的奢摩他，就像是一盞不會被風吹動的油燈。不論覺知被放置於何處，它就在那裏，毫不搖擺；覺知是如此生動而清楚，不會被散漫、昏沉或昏暗不明給玷汙；不論覺知被引導向何處，它都能保持穩定而精準。它也不會因爲意外的念頭而移動，不會被打斷。如此，一個毫無缺點的禪定狀態由你的心神之流中出現；而很重要的，在此狀態出現之前，你需將心安放在自然狀態。如果你的心念之中尚未出現眞正的奢摩他狀態，那麼即使覺知被指出，也只是智能理解上的一件事物。你若只是爲了表示看法而說出虛矯的話，便有可能會落入自以爲是的危險之中。所有禪定狀態的根本都取決於此，因此，最好不要太早見識到初始覺知，而應持續修行，直到發展出良好的穩定度，才是正途。

南傳佛教的傳承，對於經由專注於呼吸法來成就奢摩他，有這樣的描述：就像前面提到的，在開始練習時，把你的專注力放在呼吸時的觸感上，這些觸感就是初步練習（parikamma-nimitta遍作相；準備相）當中的「信號」。到後來，你將專注力轉移到呼吸的取得信號（uggaha-nimitta取相）上，此一信號成了你的禪修對象，直到成就奢摩他爲止，而到那時，第三個信號會同時出現。這個信號稱作呼吸的對應信號（counterpart sign）（patibhaga-nimitta似相；彼分相），它隱微而象徵性地代表了風元素的整體特質。關於這個信號，佛音如此說：

> 對應信號彷佛是從取得信號中破繭而出，而又比取得信號更加千百倍純淨，好像剛從盒子裏取出的眼鏡鏡片，像是洗得乾乾淨淨的珠母碟，也像浮現雲端

的月亮，或飛翔於烏雲前的白鶴。但沒有顏色或形狀……只有已經專心的人才能感知到，它只是模擬了外相的一個東西。

佛教認爲，人類意識的所有普通狀態，不論清醒或是睡著，都在「欲界」的範圍內，如此稱呼是由於此向度的意識是由肉體欲念所支配。成就奢摩他所需要的九個階段也屬於這個向度，而只有當你成就了奢摩他，而帶來身心上的柔軟時，你才進入「色界」的領域。這是意識中較精緻的向度，超越了身體官感的領域，在某些方面相似於柏拉圖所描繪的、由純粹理想構成的世界，或榮格假想的原型世界。在進入色界之時，你的意識也持續地被極精微的概念加以結構化，這些概念來自比人類精神面還深層的來源。南傳佛教徒對於各種在進入色界之後所感知到的對應信號進行過討論。這些信號包括在欲界中所經歷現象經純化後的原型之呈現，其中含有固體、流體、熱、運動等各元素，藍黃紅白四色，以及光和空間。

一開始出現的奢摩他成就，可說只是「初步的」，或者說，是用來「進入」完全成就第一層次禪定的「門路」❶。佛陀聲稱，當成就了第一層禪定時，當事人首次得以暫時解脫讓心智失衡的五種障礙或阻礙，也就是：一、官感的渴望，二、想做壞事的意圖，三、昏沉與遲緩，四、亢奮及焦慮，五、不確定。佛音說，只要對應信號出現了，障礙就大致上被壓制了，遮蔽的效果沉澱了，心智便得以專注在入門的專心上。

當你由於解脫上述障礙而首次獲得身心的柔軟，你會同時經驗到一股大樂，這是獲得前所未有心智健全狀態時的一項徵候。一般認爲，佛陀將此大樂當作成就三摩地的充分條件，或者是，立即的催化劑。在此列出他對於這種經驗其中一次較詳細的法教：

> 脫離了官感享樂，脫離了有漏的心智狀態，人臻於第一層穩定並停留其中；此一狀態，伴隨粗略的檢視及精確的探查，由於獨處而出現，且是歡愉而大樂的。人以歡愉和大樂浸潤、注入、充滿、滲透己身，由於獨處而出現，因此全身上下無不被滲透。

由於進入第一層穩定，因此出現了和此層次三摩地相關的五個心智因素，直接對治了五種障礙：

1. 「粗略的檢視」克服了「昏沉」與「遲緩」共同形成的障礙；

譯註

❶也就是剛入門的程度。

2. 「精確的探查」克服了「不確定」的障礙；
3. 「健康的狀態」克服了「想做壞事的意圖」；
4. 「大樂」克服了「亢奮」及「焦慮」合成的障礙；
5. 「專一的專注力」則克服了「官感的渴望」。

這些很有療癒效果的因素可以對治上述障礙，而使我們獲得心智上的平衡，更妙的是，它們會在心智穩定的過程當中自然浮現。奢摩他修行揭示出心智中強大的自癒力。

在進入第一層穩定度時和實際成就時有明顯差別，在前者，由脫離五種障礙所得的解脫是很脆弱的，而在後者，對五種障礙的免疫力則較強。在五項穩定因素本身的穩定性上，也有類似的差別。相對應地，你能停留於此種卓越專注狀態中的時間長度也有所不同。在剛進入第一層穩定度時，你可以不費力地停留在三摩地達四個小時以上，絲毫沒有來自細散漫或細亢奮造成的混亂。但是如果你已實際成就了第一層專注狀態，根據佛音的說法，你的三摩地狀態可以維持「整個晚上及整個白天，如同一個健康的人離開座位之後，可以站一整天一樣。」

由於深度的專注穩定度，可能會讓你覺得睡眠中好像充滿了三摩地以及許多純淨的夢。你所感受到的專注活力如此巨大，會覺得好像可以數算房柱及牆壁上的原子數目，而你的注意力在所有日間活動中，始終能保持高度專注。覺知的超卓穩定度及活力，即使在你禪修練習後從事日常事務時——此時你的心神回到了欲界——仍在相當程度上伴隨著你的意識。而當你的心神從活動中脫離後，覺知會很自然地滑回如空間般的狀態，於是很快地，身心的柔軟再次出現。

有一項最重要的奢摩他練習效果，會在兩次禪修練習間仍留連不去，就是暫時脫離煩惱的念頭及情緒而得到的相對解脫。並不是說它們再也不會出現，而是較少出現，也較不嚴重，出現的時間也較短。比較特別的是，只要你沒有失去專注力的平衡，你大致上已經脫離了那五種障礙。在兩次禪修練習之間，你仍然保有高超的柔軟及健康，而這讓你很自然地會想要做好事。精通奢摩他的人講到，由於身體健康，不會感到肉體沈重或不適。脊柱變得「直立得像黃金柱」，而身體感到大樂，就像在泡牛奶浴。而由於神智健康，可以完全控制自己的心智，完全沒有悲傷及哀愁，而且持續處於健康的狀態。正如佛陀所說，那些已成就禪定狀態的人，當時當地就安住於快樂之中。

練習：安歇在明亮虛空之中

如前面所說，藉由專注於呼吸法來成就奢摩他，是以風元素的對應信號首次出現作爲分水嶺。但是因爲五項穩定度因素（粗略的檢視、精確的探查、健康的狀態、大樂、專一的專注力）在入門專心的程度還不夠強，你會發現，要讓自己持續專注於此非常微弱的心象上相當困難。你的心神會落入有分識，或者說生成之地中，這是一個相對眞空的意識狀態，沒有任何的念頭、心象以及官感的感知。佛音把這種情形比喻成一個小孩被人扶著站起來，但還不斷跌回地上。如果你希望繼續前進、超越入門程度的專心，而實際上到達第一層穩定狀態，你便要堅定專注在對應信號上，直到可把注意力維持其上達一天一夜。但是如果你對於入門程度的專心已感到滿意，而想把它作爲觀的修行基礎，那麼你可以放掉對應信號，而在生成之地中安歇一會兒。

禪修者願意停留在入門專心是相當常見的事情。無著建議，在成就此一奢摩他狀態之後，要將自己整個連續的注意力之流，向內專一地灌注在心智上。在此練習中，要讓意識解除所有的信號及想法，讓它能停留在寧靜的狀態。如果你成就奢摩他的方式，是經由對於一個心象的專注，現在你應該放掉那個心象，安歇在沒有任何顯像的意識狀態中。此時，你的整個覺知已從官感抽離，而意識也擺脫了所有散漫的念頭及影像，因此，你會體驗到一種對於意識本身的非二元覺知。如此，你直接感知到意識的相對本質，但是你沒辦法抓住它，它也無法被演示出來。

一旦你成就奢摩他之後，便可以隨意進入。當你處於此狀態中，你的注意力便完全專注在一點上，沒有官能感覺、散亂念頭和心象，整個注意力沉入在阿賴耶識當中。在此狀態，不會出現「信號」，即使由於極少次的短暫不留神而出現了，因為你的心神安歇在阿賴耶識的明亮虛空當中，這些信號也會很快自行消失。因為你的身體或任何東西都不會顯現，所以你會覺得心智好像已和空間合而為一。心智已變得很靜止，且不再有散漫的念頭，因此你會覺得，可以不中斷地保持在禪定之中，達數月或甚至數年，因為你不會覺察到時間的消逝。當你的心智浸潤在此狀態中，也會充滿一種內在康適感，也因此不可能出現有漏的念頭或任何不舒適。敦珠・林巴如此描述這種經驗：

> 最後，所有粗的、細的想法都會在你心智本質的一片空無中安靜下來。你會靜止於一個不波動的狀態中，在這個狀態中，你會體驗到如火一般的溫暖與歡喜，如同清晨的光亮，以及如大海不為波浪所動一樣地不具有概念。

當你安住在奢摩他狀態時，你會幾乎沒有、或根本沒有感覺到時間的流逝，這是因為時間感需要有記憶才成立，而記憶需要概念化的過程來啓動；所以當概念性不見時，你便處在一個感覺不到時間的意識狀態之中。儘管如此，在你尚未進入禪定的平衡狀態之前，你可以讓自己準備好，在一段時間之後脫離禪定狀態，或者，也可以準備當某個特定聲音或其它的官感刺激出現時，讓你的心智從三摩地中被喚起來。當你尚未脫離禪定時，你的覺知是感受不到任何官能感覺的，而在脫離後，你會覺得自己身體似乎是突然出現的。

回想剛剛的練習

需要花多少時間？

假如已經準備妥當，而且勤奮而持續地練習，又處於一個有助於練習的環境，有好同伴，而且有經驗豐富的師父給予熟練的引導，那麼需要多少時間才能成就奢摩他？正如在導讀當中所提到的，西藏的口授傳統告訴我們，在條件這麼好的狀況下，那些根器最高的人可能可以在三個月之內成就奢摩他，那些中等根器的人可能需要六個月，而那些根器較「鈍」的則可能需要九個月。這對於那些已經在道德戒律方面有多年學習和訓練之後，才開始奢摩他修行的僧尼來說，可能是成立的。但是在現代社會當中，這似乎是過於樂觀的預估。想一下，用每個星期五十小時，每年五十週來計算，總共五千小時的訓練是完成一項高階技術學習通常需要的時間。但如果要到達超卓的大師級程度，可能就需要一萬個小時。如果我們也用同樣的眼光來看待奢摩他訓練，我們或許便可知道，要成就如此的專注力，大約需要投入的程度了。

住在工業化國家的人，以及住在傳統社會如西藏鄉間的人，有著許多心理上、社會上及環境上深刻的差異，因此，如果要準確預測出住在我們現代社會中的人需要多少時間才能成就奢摩他，根本是不可能的。但是有些令人振奮的徵兆顯示，要獲得大幅度進步還是可能的。當甘・拉林巴帶領的一年期奢摩他閉關在一九八八年結束時，有一位禪修者可以每天作四次練習，每次持續三小時。另有一位每天練習兩次，每次則超過七個小時。根據甘・拉林巴所說，他們倆在當時都還沒成就奢摩他，但他們的進步程度相當大。當靜坐許多小時後起身，他們卻感覺像是根本沒過多少時間，而且他們的身心都充滿喜樂以及輕鬆的感覺。

三學訓練

道德戒律、專心及智慧❷這三重訓練，共同組成了佛教解脫之道的基本架構。第一層訓練便是在道德戒律上的，含有三項：正語、正業及正命。此一層次上的訓練，主要目的是要讓專注力的培養得到支持，因爲專注力具有平衡心智的功能，進而提升意識狀態，使其更祥和、喜樂、明亮。此種淨化如沒有道德戒律，則不足爲功，因爲藉由抑制身體、言語及心智的有漏行爲，可以減少心智失衡。經過道德戒律的訓練，

譯註
❷通常簡稱為戒、定、慧。

心智便具備了自信、不自責、無畏、內在純淨及安詳，使它可面對第二層訓練——專心。相同的道理，成就高度專心及心智平衡（經由培養奢摩他而得），對於要想在第三層訓練——智慧——中完全精進，也是必須的。

專心上的訓練包含了：正精進、正念，及正定。在這項訓練中，正精進和正念基本上是擔任支援的角色，前者讓心智出力，後者則讓它平衡。它們共同支援以成就正定，佛陀並以禪定所達到的狀態來定義正定。佛陀也告訴我們，達到這類程度的心智平衡（專心），在獲得對事物本來面貌的經驗性知識及看法（智慧）上，是必要的先決條件。而整個印度大乘傳承也有相同的看法。正如寂天所說的：「當人了解到，經由奢摩他修行而具備觀的人，可以除去心智的病苦，他應該便會先尋求奢摩他。」宗喀巴用下面這個比喻，來說明奢摩他和觀的關係：

當你在黑暗的房間裏檢視一張織錦畫時，如果你用明亮穩定的燈來照它，你可以檢視到生動的圖案。如果燈光黯淡，或者雖然光亮卻在風中閃爍，你的觀察就會受到阻礙。相同的道理，當你要分析任何現象時，要用不搖擺而持續的自主性專注力，來支持你那具有穿透力的智性，如此，你便可清晰地觀察到，在檢查之下現象的眞正本質。

必須具有如此超卓專心程度（三摩地）的主要原因是，只有當你成就第一層穩定度的入門程度，你才能眞正脫離那五種障礙。在尚未達到此種解脫之前，佛陀說：「人會覺得自己是有義務的、生病的、被束縛的、被奴役的，且在沙漠小徑上迷了路。」因而不可能知道自身的「福祉、別人的福祉或彼此的福祉，也不可能了解那些適合於尊貴的人、且超越人類狀態的眞知灼見。」成就了奢摩他，讓我們在身心的柔軟及康適上有了必要的基礎，讓我們對於心智及其它現象的最終本質，能盡全力來開發禪定的洞察力。佛陀將奢摩他比喻成一位大武士，對於保護「觀」這位有智慧的總理大臣來說，大武士是必要的。佛陀在嘗試多種苦行訓練之後，有了此項重大發現，而隨後導致他的證悟。他後來如此描述這項洞見：

我想到以前，當釋迦族的父親在工作時，我坐在一棵玫瑰蘋果樹的涼蔭下：相當遠離感官欲望，身旁也沒有那些遇過的有漏事物，我便安住在第一層禪定當中，進行粗略和精確的探查，伴隨著來自於獨處的康適及喜樂。我想：「有可能這就是證悟之道嗎？」然後，隨著這項記憶，我因此看出，這確是證悟之道。

用巴利語記錄的佛陀法教，並沒有提到在禪定的入門及實際狀態之間的差別，是在評論當中才首次出現。有些南傳佛教徒認為，一時的專心（khanika samadhi剎那定）對於要完成就「觀」，在專心方面已提供充分的基礎。在一九六〇年代，南傳佛教學者之間有一些爭議，有一邊的學者認為，成就第一層的禪定對於要臻於解脫是必要的，而另外一邊則認為，剎那定對於修行「觀」，用以完全解脫心智，已經足夠。

當代緬甸禪修大師帕奧禪師（Pa-Auk Tawya Sayadaw）以相當權威性的角度作出結論，他認為在三摩地方面，第一層禪定的入門，對於完美培養出禪定的洞察力，是一個必要而且充分的基礎。他還附加說明，即使只在第一層次禪定得到成就，在當今世界中仍屬非常稀有。這個說法也反映了印度大乘佛教傳承的主流看法，也就是說，第一層禪定的入門專注，對於要讓「觀」能完全發生作用而言，是最低限度的三摩地。直到今天，在藏傳佛教徒之間，也很廣泛地抱持相同的看法。

要讓心智永遠脫離病苦傾向，所需的專心是什麼程度的專心？面對這個問題最好的方法是實際體驗，或許，甚至可使用科學方式進行。南傳佛教以及大乘佛教的傳承都宣稱，只有經由奢摩他和觀的結合，才能讓心智永遠脫離其病苦。認知科學家們如今或許可以實證方法，對這些宣稱加以研究，以確認造成此種徹底淨化的修行方式究竟為何。如此來解決這個問題，既符合經驗主義，也符合實用主義的精神，而在佛教的源頭，實用主義正是啓發佛教的推手。

總結：看看前頭的風景

現代科學以及奢摩他的潛力

佛教徒的「知識之樹」❶種植在肥沃的道德土壤中，其根便是經由培養專注而成就的心智平衡，而其主幹則是經由培養禪定的洞察力而獲致的智慧。此一途徑，迥異於現代科學的方式，後者被認爲是不具價值判斷、以科技儀器收集實證資料來進行、用數學推理來分析。實體科學（包括物理學、化學和生物學）提供了我們關於外在世界的知識，嘉惠全人類、讓我們的身體更健康愉快，並且運用科技得以獲取物質及能量的巨大潛能。在另一方面，佛教徒的靜思科學，對於意識的本質貢獻了深刻的洞見，利益那些修行人，讓他們強化心智的健康，並找到眞正的快樂，還開啓意識的創

譯註

❶基督教《舊約聖經》中伊甸園有棵樹，果實能帶來知識，正是夏娃偷摘之樹，也因此被上帝逐出。此處作者只是加以幽默的連結。

造潛能。

這兩種方式各有其強項與不足，而放在一起看，它們或許可互補不足，並非互斥。特定地說，以精確、第三人的角度，觀察心智狀態及活動在行爲及神經上的關聯，讓認知科學取得了長足的進步；佛教徒的靜思科學，則以第一人的角度來直接觀察心智現象而卓然有成。用道德戒律、奢摩他及觀的三重方式，爲這條佛教徒所走的路提供了嚴謹的工具，來探詢意識的起源、本質和潛能，而這些大部分都在科學探索的範圍之外。

奢摩他以精細的專注力幫助我們，來培養並進而獲致各種超感官知覺及神通力。儘管佛教大師們警告，尋求神通力很容易會讓人偏離了努力淨化心智的根本途徑，不過，這些能力也可以被好好使用來利益他人，如果能運用智慧且帶著利他的角度。阿底峽尊者對於這點是如此評論的：

正如一隻羽翼未豐的鳥
無法飛上天
沒有超感官知覺的人
也無法爲眾生福祉貢獻

具有超感官知覺的人
在一天中可得之利益
讓無此知覺的人
即使花上一百世也無從取得……

未達奢摩他
超感官知覺便不出現
因此要不斷努力
來成就奢摩他

在下文中，第一世班禪喇嘛提到奢摩他對於成就這些能力的重要性：

藉由這項練習，禪定的本質得以變得靜止而十分清晰，不被任何東西矇蔽。由於禪定不具形體，所以是虛空的，就好像空間一般。甚且，與五種官感有關的好、壞東西出現時，會清楚明亮地讓它們顯現，就像是在清晰的鏡子裏看到的反影。你會有種感覺，它可以是任何樣子。不論這三摩地有多麼穩定，如果不具有身心柔軟的喜悅，它便只是欲界的專一注意力。而具有這樣特質的三摩地，則稱爲奢摩他；而奢摩他便是許多特質的源頭，如超感官知覺及神通力。

在佛教典籍中，通常會列出較常見的五種超感官知覺：

1. 看得到遠處，或天眼通。
2. 天耳通。
3. 知道別人的想法。❷
4. 神通力，譬如以心智力量來控制四種元素土、水、火和風。有穿越實體、水上行走、以心智控制火燄、飛行，以及以心智隨意增加實體物件的數量以及轉化這些物件的例子。❸
5. 回想過去世。❹

對於佛教徒所宣稱的、這些因成就卓越而持續的自主專注力而出現之種種可能性，挑戰了目前科學對於心智的理解極限。上面列出的神通力，對於我們這些已經習慣現代科學所帶來的物質偏見的人，如果看來像是魔術一般，那麼應該記得一件事：現代科技的產物，對來自傳統社會、不知科學爲何物的人來說，也同樣是魔術。任何一位講理的佛教徒，都不會要求科學家只基於信任，就接受他們所宣稱的任何一事，佛陀本人也不鼓勵他的追隨者只基於他的權威就接受他所說的話。但如果說，只因爲這些說法違背了聽者對於科學物質主義的信念，就不屑一顧，則是教條且獨斷。

對於這一點，達賴喇嘛這麼說：「大致上來說，佛教方面基本認爲，不合邏輯的看法是不恰當的，是一項禁忌。但是比不合邏輯的看法還要被禁止的，則是相左於直接經驗的看法。」

而如果只因還沒發現強而有力的經驗證據來支持，就馬上否定某件事，也同樣不恰當。原因可能只是，能偵測出此種證據的合適儀器尚未開發出來，所以一時之間還無法取得這樣的證據。對於佛教徒及科學上的探究，能保持心靈開放是必要的，不只如此，能小心檢視那些挑戰我們最根深蒂固假設的議題，也是非常重要的。對於這點，物理學家費曼（Richard Feynman）有個看法：

> 有一項可讓科學停滯的方法，就是只在那些我們已知定律的範圍內做實驗。

譯註

❷ 即他心通。

❸ 即神足通。

❹ 即宿命通。

但是，做實驗的人會花上最多力氣來努力尋找的，正是那些看起來最有可能證明我們理論不正確的地方。也就是說，我們試著儘快證明自己的看法是錯的，因爲只有這麼做，我們才得以進步。

有意義的生活

過有意義的生活，比起成就一些神通力要來得重要，而要過有意義的生活，其重心就在於讓心智能擁有卓越的健康及平衡，不再有障礙。要過一個有意義的人生，似乎有三個重要元素：追求眞實的快樂、眞理及美德。

追求真實的快樂

聖奧古斯丁、威廉·詹姆斯及達賴喇嘛，這些思想家都曾說過，追求眞正的快樂就是生命的意義，很顯然，他們所指的並非追求單純的享樂。他們心中所想的，是更有深度、可以讓我們度過生命沉浮的東西，是一種在心智方面的穩定與平衡。能感受到眞正的快樂，是人處於健康活躍狀態時的一項特質，也是均衡健康心靈之特徵，正如身體上的康適感是健康身體的象徵一般。我們對於「受苦是生命之必然」這概念已經太習慣了，以爲經歷挫折、憂鬱、焦慮及難過，都只是人類天性的一部分。有時候，經歷悲傷確實有意義，譬如說，當我們摯愛的人過世時的反應，或是當天災造成人類苦難時的反應。而我們也已進化到相當程度，可讓恐懼發揮一種功能——讓我們在危險時反應得來。但在許多情況下，我們體驗了過多的心靈痛苦，卻沒有任何正面的作用。那些便只是一個失衡心智所顯現的徵候。

我們可能因尋求於己於人有害的欲望而受苦，如吸食毒品。不能隨己意集中注意力又讓人氣餒，因爲此時心智強迫性地落入一個接一個的分神狀態，或退化成遲緩狀態。當我們對於現實狀況的感知出問題時——不是不能接收到那些清楚呈現面前的事物，就是將現實與我們所投射或幻想的事物搞混——各種困難狀況就會跟著出現。而我們可能會經歷到不必要的混亂，讓情緒失衡淹沒了我們，從過度的希望到恐懼，從高興到沮喪不停轉換。這些心智失衡的共同症狀就是受苦。正如我們身體受傷或生病時會感到痛苦，當我們的心智生病或失衡時，同樣也會體驗到心智的痛苦。

一個有意義的人生，應該取向於對眞實快樂的追求，而眞實的快樂來自穩定的心智。心智愈是健康，內在的康適感就愈強。要臻於超卓的心智健康，開發集中的注意力就是一把鑰匙。寂天強調開發奢摩他的重要性，並且警告「一個容易分神的人，他的生命隨時可能被心病所箝制。」當心智容易落入失衡狀態，就好像人在心理上的免疫系統受損了一般，很容易便會被各種心病打倒。

追求真理

雖然知識有許多種，但對於有意義的生活來說，最重要的就是能帶來眞正快樂的知識及理解。根據聖奧古斯丁所言，我們唯一必須知道的事，就是關於這個問題的答案：「要如何做人才會快樂？」他稱此快樂爲「一種由眞理帶來的喜悅」，而對他來說，唯一可帶來此快樂的眞理則來自天上。在他的禱文：「願我能認識自己，所以我可以認識祂。」當中，我們聽到他似在回應蘇格拉底的哀傷話語：「我仍不能如德爾菲銘文（Delphic inscription）❺所要求的那樣認識自己；而在還沒能了解之前，要我去關心別的事情，對我來說眞的很可笑。」

有許多眞理等著我們發現，許多知識等著我們學習，而對於追求眞正的快樂來說，還有什麼能比洞察出我們自身本質和與周遭世界的關係，要更重要及相關呢？而此一追尋的核心，就是對於我們自身心智的探索。行爲科學及神經科學的研究，可以間接告訴我們許多關於特定心智過程的知識，但對於心智的研究，威廉・詹姆斯聲言，內觀力是我們首先必須尋求、最爲倚重、也始終倚賴的。此一看法也是世界各地的靜思者所共同表達的，而要向內探索人類的心智深層，專注力不可或缺。

追求美德

亞里斯多德把眞正的快樂和「性善」視爲相等，他認爲此善「是相諧於美德的靈魂在工作，而如果美德不只一種，則是相諧於最好、最完全的美德。」我們所認爲的人類美德有哪些，而其中哪些是最好、最完全的，這都要由每個人以自身的信仰及價值觀來判斷。一個有意義的生活，便是能專注於培養這些我們所看重的美德的生活。這樣的生活，很自然地要貢獻在克服那些對立於此種美德的心智習性及行爲上，而要培養美德及消除罪惡，集中心智的能力是必要的。

對於構成有意義人生的三項元素其中任何一個—對於眞正快樂、眞理或美德的追求——心智平衡都是必要的。當你在奢摩他之路上前進，將高度的專注力用在認識意識本質時，你可能會發現這些追尋彼此關係密切。有些眞實快樂的向度，只有藉著自我發現方能探得，有些眞理只有在符合美德的生活中才能藉由體驗得知，而有些美德只在對實相本質獲得直接洞見時才會出現。在這個世界，對於快樂、眞理及美德的追求經常看來互無關連，甚至彼此格格不入；此一整合之路，或許對於結合古代及現代、東方及西方的智慧遺產有所助益。

譯註

❺德爾菲是希臘古都，都中有祀奉阿波羅的神廟，內有銘文，被視為神諭。

附錄：概說九階

依然存在的問題	成就所倚靠的力量	成果	步驟	
還無法持續專心於對象上	把指導學會	可以把注意力引導到選定對象上	被引導的專注力	1
大部分時間注意力還是不在對象上	思考練習本身	能對於選定對象保持專注達一分鐘	連續的專注力	2
仍會短暫地完全忘卻對象	專注力	分神可以很快恢復；多半能專注在對象上	再度升起的專注力	3
對於三摩地有些許自矜自喜	強烈的專注力	不會再完全忘懷選定的對象	密切的專注力	4
對於三摩地仍有些抗拒	內觀力	對於三摩地感到滿意	馴服的專注力	5
欲念、消沉、虛弱及昏沉	內觀力	不再抗拒注意力訓練	平靜的專注力	6
細微的專注力失衡，很快就改正	熱切	執著、憂鬱及虛弱都平息了	全然安詳的專注力	7
要擋掉亢奮及散漫仍需費力	熱切	三摩地可以長時間維持，不致亢奮或散漫	專一的專注力	8
專注力失衡仍可能在未來再度出現	熟悉	毫無缺點的三摩地，也毫不費力	專注力的平衡	9

粗亢奮：注意力完全不在禪修對象上。
中亢奮：不自主的念頭佔據了注意的中心位置，而禪修對象卻在外圍。
細亢奮：禪修對象停留在注意的中心，而不自主的念頭會在外圍浮現。

不自主的念頭	經驗的性質	心智投入的型態	專注力失衡問題
不自主念頭就像瀑布一般湍流而至	游移	集中	粗亢奮
不自主念頭就像瀑布一般湍流而至	游移	集中	粗亢奮
不自主念頭就像瀑布一般湍流而至	游移	會中斷	粗亢奮
不自主念頭就像一條快速穿越峽谷的河流	達成	會中斷	粗散漫及中亢奮
不自主念頭就像一條快速穿越峽谷的河流	達成	會中斷	中散漫及中亢奮
不自主念頭就像一條緩慢穿越河谷的河流	達成	會中斷	中散漫及細亢奮
不自主念頭就像一條緩慢穿越河谷的河流	熟悉	會中斷	細散漫及細亢奮
有著散亂概念的心智，就像無浪的海一般平靜	靜止	不會中斷	潛藏的細散漫及細亢奮衝動
有著散亂概念的心智，就像須彌山（眾山之王）一般靜止	完美	毫不費力	失衡的原因仍潛藏著

粗散漫：由於缺乏活力，多數時候注意力都不在對象上。
中散漫：會注意到對象，但並不生動。
細散漫：對象看起來生動，但注意力有些遲緩。

善知識系列 JB0038

專注力——禪修10階釋放心智潛能

作者　B・艾倫・華勒士（B. Alan Wallace）
譯者　偶值
封面設計　黃健民

總編輯　張嘉芳
編輯　張威莉、曹華
業務　顏宏紋
出版　橡樹林文化・城邦文化事業股份有限公司
台北市民生東路二段141號5樓
電話：(02)25007696 傳真：(02)25001951
發行　英屬蓋曼群島商家庭傳媒股份有限公司城邦分公司
台北市民生東路二段141號2樓
電話：(02) 2500-0888 傳真：(02)23560914
書虫客服服務專線：（02）25007718；（02）25007719
24小時傳真專線：（02）25001990；25001991
服務時間：週一至週五上午09:30-12:00；下午13:30-17:00
劃撥帳號：19863813；戶名：書虫股份有限公司
讀者服務信箱：service@readingclub.com.tw
城邦讀書花園網址：www.cite.com.tw
香港發行所　城邦（香港）出版集團有限公司
香港灣仔駱克道193號東超商業中心1樓
電話：(852) 2508-6231 傳真：(852) 2578-9337
E-mail：hkcite@biznetvigator.com
馬新發行所　城邦（馬新）出版集團【Cité(M) Sdn.Bhd.(458372 U)】
41, Jalan Radin Anum, Bandar Baru Sri Petaling,
57000 Kuala Lumpur, Malaysia.
電話：(603)90578822 傳真：(603)90576622
E-mail：cite@cite.com.my
印　刷　中原造像股份有限公司

城邦讀書花園
www.cite.com.tw

初版一刷　2007年4月
初版十四刷　2015年8月

ISBN : 978-986-7884-65-7
定價：250元

專注力／B．艾倫．華勒士（B. Alan Wallace)著；偶值譯.
一初版. --臺北市：橡樹林文化出版：家庭傳媒城邦分
公司發行, 2007[民96]
面；　公分. --（善知識系列；JB0038）
參考書目：面
譯自：The Attention Revolution :unlocking the power
of the focused mind

ISBN : 978-986-7884-65-7（平裝）

1.藏傳佛教－修持

225.72　　96004013